유아 낫 언론

영화, 언론을 말하다

유아 낫 언론 영화, 언론을 말하다

2020년 9월 5일 초판 1쇄 인쇄
2020년 9월 10일 초판 1쇄 발행

지은이 이대현
펴낸이 김영애
편 집 김배경
디자인 이문정
마케팅 윤수미
펴낸곳 SniFactory(에스앤아이팩토리)

등 록 제2013-00163(2013년 6월 3일)
주 소 서울시 강남구 삼성로 96길 6 엘지트윈텔 1차 1402호
      전화 02. 517. 9385   **팩스** 02. 517. 9386
      http://www.snifactory.com / dahal@dahal.co.kr
ISBN 979-11-89706-99-9(03680)

가격 15,000원

* 이 도서는 한국출판문화산업진흥원의 '2020년 출판콘텐츠 창작 지원 사업'의 일환으로
  국민체육진흥기금을 지원받아 제작되었습니다.

유아 낫 언론

영화, 언론을 말하다

이대현 지음

다홀미디어

영화 속에 비친 '언론의 자화상'

극한 집단 갈등과 편향 동화에 빠져 언론까지도 입맛에 맞
는 것만 받아들이고, 자기가 믿는 것만 진실이라고 우기는
사회. 언론도 예외는 아니다. 공동선보다는 사적 이익을 위해
오히려 갈등을 부추기고, 권력에 야합하고, 일방적으로 특정
정치세력을 편드는 정파성에 빠지고, 생존경쟁에서 살아남기
위해 선정성에 매달리고, 정치꾼들이 언론인 행세를 하고, 기
본 요건조차 갖추지 못한 보도를 남발하고 있다. "**저것**도 언
론이라고", "저러니 기레기이지"라는 한탄이 끊이질 않는다.

그래도 세상에는 올곧은 언론, 언론인이 훨씬 많다. 미디
어 환경이 급변하고, 세상이 어지러워도 냉정하고 객관적인
시선으로 권력을 감시하고, 공정한 자세로 진실을 전한다. 저
널리즘의 기본원칙과 가치는 언론이 결코 포기할 수 없는 세
상의 '소금'이기 때문이다. 우리는 그런 언론을 기대하고, 그
런 언론인을 존중한다. "그래, **이게** 진짜 언론이지."

영화에 비친 언론의 자화상도 마찬가지다. 때론 사실을 바
탕으로, 때론 상상과 허구로 언론의 민낯을 날카롭고 생생한
두 시선으로 담는다. 양심과 사명감으로 정의와 진실을 바로

세우려는 언론도 만나고 권력과 탐욕에 빠진 부도덕하고 부패한 언론도 만난다. 이 모습을 통해 영화는 우리에게 언론이란 어떤 존재이고, 무엇을 해야 하는지 확인시켜 준다.

언론을 다룬 30여 편의 영화를 한자리에 모은 것은 처음이다. 〈신문과 방송〉에 쓴 글을 다듬고, 작품도 추가했다. 단순한 영화적 흥미와 감동을 넘어, 우리의 언론 현실을 생각하면서 영화가 던지는 메시지의 무게와 가치를 이야기해 보았다.

오랜 세월 언론인으로 활동하면서, 또 영화와 함께 하고 늦은 나이에 '언론 속의 영화 담론'으로 박사논문을 쓰면서, '영화 속의 언론'도 꼭 한번 들여다보고 싶었다. 그 기회를 준 언론진흥재단 최광범 지우知友와 어려운 여건에도 출간을 허락한 다할미디어에 감사드린다. 단편적이나마 언론의 역사와 현실을 만나는 시간이 되었으면 한다.

2020년 9월
이 대 현

유아 낫
언론 CONTENTS

1부

유아 낫 '언론'

2부

유아 '언론'

3부

언론, 무엇을 해야 하나

1부

유아 낫
'언론'

"말은 권력이고 힘입니다"

〈내부자들〉과 논설주간 이강희,
〈1987〉과 기자 윤상삼 · 신선호

〈내부자들〉 윤태호의 만화가 원작이다. 대선 후보인 현역 국회의원 장필우와 미래자동차 회장 오현수, 유력일간지 조국일보의 논설주간 이강희가 야합해 돈과 권력과 여론을 서로 맞바꾸는 '부당거래'를 한다. 추악하고 뻔뻔한 '정 · 경 · 언 유착'과 사생결단으로 그 실상을 폭로하려는 깡패와 검사를 통해 우리 사회의 깊고 어둡고 음습한 먹이사슬과 부정부패의 단면을 적나라하게 드러낸다. 이병헌 · 조승우 · 백윤식 주연. 우민호 감독의 2015년 작품이다.

〈1987〉 1987년의 박종철 고문치사 사건을 영화화했다. 남영동 대공분실에서 물고문에 의한 박종철의 죽음을 숨기려는 권력의 하수인들과 이를 세상에 알리려는 양심적인 세력들의 대립과 갈등, 마침내 진실이 알려지고 이를 계기로 6월 민주항쟁이 일어나기까지의 과정을 '사실'과 '허구'를 섞어 긴박하고 촘촘하게 그려간다. 당시 관련자들이 모두 실명으로 등장한다. 강동원 · 김윤석 · 하정우 · 이희준 주연. 장준환 감독의 2017년 작품.

한국 언론의 두 얼굴, 천사 혹은 악마

진실은 기자만의 특권이나 전유물이 아니며,
모두가 지켜야 할 가장 소중한 가치이다

언론을 보는 영화의 시선은 두 가지다. 하나는 언론이 믿음의 선이라는 것이고, 또 하나는 불신의 악이라는 것이다. 영화가 이야기하고자 하는 것, 그 속에서 언론의 존재와 역할은 무엇인가에 달려있다. 선택에 따라 영화 속의 기자는 진실과 양심, 정의를 지키는 감시자·고발자가 되기도 하고, 탐욕과 부패에 빠진 타락한 권력의 하수인이 되기도 한다.

한국 영화에서도 마찬가지다. 어느 쪽에 서있게 하느냐에 따라 달라진다. 사회 부조리나 부당한 권력에 맞서는 존재인가, 아니면 자만과 사리사욕에 빠져 정의와 양심을 외면하고 권력과 돈에 아부하는 존재인가. 영화는 기자가 서있는 곳의 사람들과 '동질성'을 갖는다.

이 같은 이분법적 시각이 때론 과장되거나 극단적이다. 분명한 것은 둘 다 현실의 반영이란 사실이다. 비록 그 모습이 정반대이지만 궁극적인 목적은 같다. 기자, 나아가 언론의 존재가치의 강조이고, 그것을 망각하거나 외면하고 있는 것에 대한 냉정한 비판이다.

'사건이 있는 곳에 기자가 있다'는 말을 영화는 다양한 소재와 구성으로 설정한다. 〈살인의 추억〉에서처럼 말 그대로 사건 현장에서 진실을 찾아내려 애쓰는 기자, 반대로 〈내부자들〉에서처럼 누구도 쉽게 바로잡을 수 없는 거대 권력의 부정부패와 정경유착의 사건이 일어나는 그 악의 연결고리에 기꺼이 손을 내미는 기자. 영화는 이들의 존재를 통해 현실의 언론에 박수를 보내기도 하고, 침을 뱉기도 한다. 〈더 포스트〉처럼 아예 사건이 '언론'이고, 주인공이 '기자'인 작품은 다르지만, 대부분의 영화는 언론에 대해 많은 말을 하지 않는다. 아주 짧은 순간으로도 시선과 인식을 드러낸다. 〈베테랑〉에서 서도철(황정민)이 소리친 "경찰이 돈이 없지, 가오(얼굴)가 없냐"는 말은 기자에게도 해당된다. 언론의 현실과 자세, 자부심을 응축한 한마디로 봐도 틀리지 않는다.

타락한 언론, '내부자들'의 이강희

비열하고 사악하고 탐욕스러운 우리 사회 지배세력의 거

대하고 추악한 커넥션을 고발한 〈내부자들〉에서 '조국일보' 논설주간 이강희(백윤식)의 한마디 한마디는 섬뜩하면서도 통렬하다. 그는 비뚤어진 언론관을 교묘히 이용해 자신의 이익을 채우는 타락한 언론인을 참담하게 보여준다.

직설적이면서 풍자와 은유가 날카로운 윤태호 만화의 대사를 그대로 가져온 것이기는 하지만 영화에서 이강희의 대사를 다시 한 번 떠올려보자. 먼저 말과 글에 대한 그의 인식부터 비뚤어져 있다. 그는 말로 진실을 농락하고 사람들의 판단을 흐리게 만든다. "말은 권력이고, 힘입니다." "누구는 어떠어떠하다고 보기 힘들다고 하고, 누구는 어떠어떠한 것으로 매우 보여진다고 합니다. 의도나 고의의 연관에 따라 같은 말이라도 그렇게 다르게 쓸 수 있습니다."" 끝에 단어 3개만 바꿉시다. '볼 수 있다'가 아니라 '매우 보여진다'로."

이렇게 말과 글을 교묘히 이용해 권력에 빌붙어 욕심을 채우면서도 "저 같은 글쟁이가 무슨 힘이 되겠습니까"라고 거만을 떠는 그가 노조 관련 기사를 두고 불평하는 오현수 미래자동차 회장에게 아무렇지 않게 건넨 말은 한 고위 공무원에 의해 '사실'이 되어 세상을 분노케 했다. "대중들은 개, 돼지입니다. 뭐 하러 개, 돼지들에게 신경 쓰고 그러십니까. 적당히 짖어대다 알아서 조용해질 겁니다."

국민을 개, 돼지로 여기는 비뚤어진 언론관과 사회 인식을 〈내부자들〉은 그의 입을 빌어 대신한다. "그들이 원하는 건 술자리나 인터넷에서 씹어댈 안줏거리가 필요한 겁니다. 적당히 씹어대다가 싫증이 나면 뱉어 버리겠죠. 이빨도 아프고 먹고 살기도 바쁘고. 우린 끝까지 질기게 버티기만 하면 됩니다. 우리나라 민족성이 원래 금방 끓고 금방 식지 않습니까? 적당한 시점에 다른 안줏거리를 던져주면 그뿐입니다. 어차피 그들이 원하는 건 진실이 아닙니다. 고민하고 싶은 이에게는 고민거리를, 울고 싶은 이에게는 울 거리를, 욕하고 싶어 하는 이에게는 욕할 거리를 주는 거죠. 열심히 고민하고 울고 욕하면서 스트레스를 풀다 보면 제풀에 지쳐버리지 않겠습니까?"

이런 그의 오른손을 배신당한 깡패 안상구(이병헌)가 잘라

버린다. 그래도 그의 인식과 태도는 바뀌지 않는다. "까짓것 왼손으로 쓰면 되죠." 왼손으로 쓰든, 오른손으로 쓰든 그에게 글은 여전히 권력이고 힘이며, 대중은 그의 글 장난에 놀아나는 어리석은 개, 돼지이다.

그러나 정작 개, 돼지는 이강희 자신이다. 우장훈 검사와 안상구에 의해 추악한 부패와 비리의 고리가 드러날 위험에 처하자 정치인 장필우(이경영 분)는 이강희에게 꼬리를 자르듯 "강희야, 네가 싼 똥이니까 네가 치워라. 네가 똥 치워주고 똥구멍 닦아줘야 장관도 하고 총리도 하지. 어차피 인생의 주인공은 다 정해져 있다. 너는 내 똥이나 닦아줘"라고 매몰차게 말한다. 그를 권력이 싸놓은 똥이나 치우고, 밑이나 닦아주는 존재로 취급한 것이다.

아무리 언론이 타락한 세상이라도 이강희와 똑같은 모습의 언론인은 없을 것이다. 그렇다고 자신 있게 단언할 수는 없다. 이따금 비슷한 일이 터지고 그를 연상시키는 언론인들이 나오고 있으니까. 다소 과장과 시대에 뒤떨어진 상투가 있지만 이강희를 보고 언론인들 스스로 얼굴을 들지 못하고, 다시 한 번 자신과 주변을 돌아보는 것도 이런 이유일 것이다.

수많은 양심 중 하나, '1987'의 윤상삼과 신성호

그렇다면 영화가 이강희와는 반대편에 세운 기자들은 어떤 모습인가. 박종철 고문치사 사건을 담은 〈1987〉은 그들이 액션영화의 주인공 같은 영웅은 아니라고 말한다. 특종을 한 '동아일보' 윤상삼 기자도, '중앙일보' 신성호 기자도 군사 독재정권에 맞서 자신의 자리에서 진실과 자유를 지키려 했던 수많은 양심 중 하나였다는 것이다.

경찰의 감시를 피해 박종철 고문치사 사건의 진상을 알리려는 재야 민주열사 김정남(설경구)이 "우리한테 남은 마지막 무기는 진실뿐입니다"라고 말한 그 진실은 기자만의 특권이나 전유물이 아니며, 모두가 지켜야 할 가장 소중한 가치이다. 〈1987〉에서 정권의 비열한 폭력에 맞서는 곳에 선 사람들 모두가 협박과 공포 속에서도 끝내 진실을 포기하지 않았다. 스스로를 속이지 않은 부검의, 권력의 부당한 지시를 거부한 공안검사, 이 땅에 진정한 평화와 자유를 열망하는 천주교 사제들과 재야 민주인사들, "진실은 감옥에 가둘 수 없다"는 교도소 경비계장과 교도관, 그리고 울분을 참지 못해 거리로 나온 수많은 대학생과 넥타이 부대 시민들까지.

그들은 각자 자신들의 양심으로, 자신들의 자리에서 용기 있게 진실을 향해 나아갔다. 그 결과 진실이 세상에 알려지고, 그 진실의 힘이 세상을 바꾸었다. 검찰 간부가 무심코 던진 한마디를 놓치지 않은 신성호 기자(이신성 분)와 화장실에 숨어서까지 취재를 한 윤상삼 기자(이희준 분), "경찰이 고문해서 대학생이 죽었는데, 보도지침이 대수야. 앞뒤 재지 말고 들이받아"라고 소리치면서 과감하게 1면에 기사를 실은 '동

아일보' 사회부장(고창석 분)도 마찬가지다.

그들이라고 특별한 존재는 아니었다. 검사에게 "받아쓰기나 잘해"라는 비아냥거림과 멸시를 당하기도 했지만, 그래도 기자란 사실을 잊지 않고, 자신들의 무기가 무엇인지 알고 있었으며, 그것으로 진실을 찾아내고, 권력의 부당한 간섭과 위협을 과감히 뿌리치고 그 진실을 세상에 드러냈다. 그것으로 충분했다. 기자가 할 수 있는 일은 거기까지니까.

〈1987〉은 그들이야말로 지극히 보편적인 언론인이자 시민이라고 말한다. 그래서 그들에게만 특별한 시선을 보내거나 영웅으로 치커세우지도 않았다. '민주주의'는 영웅이 아니라, 국민 모두가 자신의 자리에서 양심과 정의를 지킬 때 이루어진다는 사실을 강조하기 위한 것인지도 모른다.

영화는 대표성이 아닌 상징성

영화 속의 기자가 실존인물을 담았다 해도 그가 곧 현실 자체는 아니다. 그가 대표성을 가지는 것도 아니다. 언론인의 단면을 보여주는 상징적 성격이 강하다. 윤상삼 기자처럼 선이라고 더 미화되고, 이강희 논설주간처럼 악이라고 마구 과장하고 비틀어서는 안 된다.

때론 영화가 의도와 달리 마치 그들이 언론인을 대표하는 듯한, 마치 모든 언론인들이 그들과 같을 것이란 오해를 불러일으킨다. 많은 영화들이 언론에 대한 냉철하고 객관적인 관찰이나 고민 없이 사회 분위기에 편승해, 소재나 주제에 상관없이 기자를 약방의 감초처럼 등장시키고 있다. 그리고는 감독과 작가의 선입견이나 고정관념, 스토리의 흥미와 자극을 위해 멋대로 과장하고 희화하기도 한다. 리얼리즘을 무시하고 다른 작품의 캐릭터를 그대로 모방하는 사례도 적지 않다. 특히 비리와 부패를 소재로 한 영화, 정치적 편향성이 강한 영화일수록 그런 현상이 심하다.

"영화는 영화일 뿐"이라고 무시할 수도 있지만, 이런 상투성과 선정성이야말로 언론과 언론인에 대한 편견을 심화시킬 뿐이다. 그리고 그 편견은 언론에 부정적인 영화일수록 더욱 노골적이고 자극적이어서 자칫 언론인 전체에 대한 시선으로 확산될 위험이 있다. 이미 그렇게 되고 있다. 일부 언론의 무책임한 보도와 '기레기'란 욕을 먹는 일부 기자들로 인해 국민들이 가진 정서와 맞는 부분이 있기 때문이다. 물론 그 책임은 국민의 기대를 저버린 기자, 사회적 사명과 책임을 다하지 못하는 언론에 있음은 두말할 필요가 없다. 그러나 언론을 자신의 권력과 이익을 위해 이용하려는 집단의 책임도 크다.

기자들은 기자가 나오는 영화를 볼 때 마음이 편치 못하다. 그러나 불편함만으로 영화 속의 기자가 달라지지는 않는다. 영화는 허구이고 갈수록 정파성을 띠는 경향이 강해지고 있지만, 그렇다고 현실과 완전히 동떨어진 이야기를 하지는 않는다. 모든 기자들이 〈1987〉의 윤상삼과 신성호를 보고 "나도 저런 기자야"라고 소리치고, 〈내부자들〉의 이강희를 가리키며 "저런 기자는 없어"라고 당당하게 말할 수 있을 때, 영화 속의 기자도 달라지고 영화를 편하게 볼 수 있지 않을까.

"우리는 사회의 약자들, 소외된 사람들,
억울한 사람들의 목소리에 귀 기울이고,
그들 편에 서겠다"

〈더 테러 라이브〉와 앵커 윤영화

〈더 테러 라이브〉 라디오 아침 생방송 시사프로그램에 한 남자가 전화를 걸어와 서울 마포대교를 폭파하겠다고 예고한다. 그의 협박을 '미친 소리'로 무시한 앵커 윤영화는 몇 분 후 실제로 그런 일이 발생하자, 이를 자신의 재도약과 출세의 기회로 삼기 위해 범인과의 전화 통화를 독점 생중계한다. 그 결과 시청률이 70%까지 치솟자 흥분한 윤영화는 점점 범인의 입장을 이해하면서 그의 요구를 들어주려고 하지만 방송사 간부와 정부 권력자들의 압력과 음모에 좌절한다. 현실성이 떨어지는 극단적 상황 설정과 과잉된 액션이 눈에 거슬리지만, 언론이 누구를 위해 존재해야 하는지를 꿰뚫는 영화이다. 김병우 감독, 하정우 · 이경영 주연의 2013년 작품.

언론은 늘 '약자 편에 서겠다'고 말하지만

그러나 현실에서는 좀처럼 약자들에게
문을 열어주지 않는다.
스스로 권력의 내부자가 되려고 한다

〈더 테러 라이브〉는 허구이다. 한 평범한 시민이 서울 마포대교를 폭파한다. 현실도 아니고, 현실 가능성도 떨어진다. 범인이 전문 테러범이나, 분단시대에 상투적으로 등장하는 북한에서 내려온 무장괴한이라고 해도 현실과 거리가 멀게 느껴지기는 마찬가지다.

그러나 그냥 무시하고 지나치기에는 찜찜하다. 상상과 허구이지만, 언론과 권력의 어두운 단면을 날카롭게 응시하고 있기 때문이다. 지금은 현실이 아닐지 몰라도 언젠가는 현실이 될지도 모른다는 섬뜩함과 안타까움도 있다. 그 개연성을 일깨우기 위해 〈더 테러 라이브〉는 극단적 상황의 설정, 가상의 사건을 우리 눈앞에 펼쳐 보인다. 스릴과 오락을 위한

것만은 아닐 것이다. 그렇게 해야만 영화가 걱정하는 현실에 조금이나마 귀를 기울이고, 눈길을 주고, 지난 일을 되돌아보기 때문인지도 모른다. 영화에서 테러범인 박신우(이다윗 분)가 그래야 했던 것처럼.

'우리는 사회의 약자들, 소외된 사람들, 억울한 사람들의 목소리에 귀 기울이고, 그들 편에 서겠다'는 말을 신문과 방송은 입버릇처럼 반복한다. 사람들도 그렇게 하리라고 기대하고 믿는다. 그러나 현실에서는 좀처럼 약자들에게 문을 열어주지 않는다. 스스로 권력의 내부자가 되려고 한다. 그래도 사람들은 신문과 방송의 공언을 믿고 때론 사정하고, 때론 부르짖는다. 그조차도 소용없으면 비현실적이지만 박신우처럼 목숨을 걸고 '뉴스의 주인공'이 되는 극단의 방법을 동원하기도 한다. 자신을 파괴해야만 세상에 자신의 소리를 전할 수 있다고 생각하기 때문이다.

박신우는 아버지 박노규 이름으로 SNC방송국의 라디오 아침 생방송 시사프로그램 '데일리 토픽'에 불쑥 전화를 걸어 테러를 예고했다. 아니나 다를까, 진행자인 윤영화(하정우 분)는 그를 무시했다. 그날의 주제가 '세제 개편안'이기 때문만은 아니다. 말은 안했지만 그의 직업이 공사 현장 막노동자란 점도 분명 작용하고 있음이 윤영화의 표정과 욕설에서 드러난다. 박신우도 겉으로는 친절한 척, 배려하는 척하지만 한때 국민앵커란 소리를 들을 정도로 인기가 높았던 윤영화가 자신과 같은 사람은 무시하고 피하려 한다는 것을 느낀다. 그는 당연한 반응이라고 여긴다. 그가 진행하는 뉴스만 봤던 아버지는 "그 사람 말은 믿을 수 있다"고 했지만 박신우는 윤영화, 나아가 방송을 결코 믿지 않는다.

사적 이익과 공적 임무 사이

박신우가 한강다리를 폭파하겠다고 협박하고, 윤영화의 이어폰에 폭탄을 설치했다고 말하고는 그것이 사실임을 증명해 그를 꼼짝 없이 옭아맨 것도 그런 이유에서다. 자신의 말에 대해 '증명'을 하기 위해서였다. 박신우는 '한강다리 보수공사를 하다 추락한 억울한 노동자의 죽음'을 세상에 알리고 싶었다. '그 죽음에 대한 대통령의 사과 한마디'를 듣고 싶었다. 방송을 통해서. 그에게는 다른 방법이 없었다. 아무도 말을 허락하지 않고, 들어주지 않으니까.

밑바닥 인생에게는 그것 역시 얼마나 어려운지 알고 있다. 그래서 자기 말에 방송이, 세상 사람들이, 대통령까지도 귀 기울이게 하려고 한강 다리를 폭파시켰다. 그를 무시하던 윤영화도 이쯤 되자 화들짝 놀라 그의 말에 귀 기울이고 믿기 시작했으니 작전은 성공한 셈이다.

〈더 테러 라이브〉는 독점(특종)으로 다시 화려하게 TV뉴스 앵커로 복귀하려는 윤영화와 시청률에만 집착한 방송사 간부들의 욕심과 비열한 야합, 권력의 냉정함과 무자비함을 정체를 숨긴 테러범의 극단적 행동을 통해 신랄하게 비판한다. 윤영화는 폭파가 실제로 일어나자 박신우와의 통화를 외부에 알리거나, 수사 기간에 신고하지 않고 독점으로 생방송하기로 한다.

보도국장 차대은(이경영 분) 역시 자신의 출세를 위해 윤영화의 제안과 고집에 적극 동조한다. 말리는 담당 PD에게 윤영화는 "이제는 내가 보도국이야"라고 일갈한다. 사회적 위험을 오히려 "일생일대의 기회"라고 생각한 그는 사람들의 감성을 자극하기 위해 자수와 자살이라는 사건의 엔딩까지 미리 계산해 박신우를 그쪽으로 유도한다. 사적 이익을 위해 공적 임무를 팽개친 것이다. 그들의 계산은 가장 힘이 없지

만 극단적 선택을 한 인간, 가장 힘이 세지만 조금의 흔들림
도 용납하지 않는 인간의 대립으로 뒤엉키고 만다.

　박신우가 한강 다리를 폭파하면서까지 대통령의 사과 한
마디를 듣고 싶어한 이유는 억울함과 분노와 절망 때문이다.
일용 잡부로 세계 정상회담을 위해 철야로 다리 보강공사를
하다 난간이 내려앉는 바람에 강에 빠졌으나 구조대가 오지
않아 아버지가 죽은 것이 억울했고, 그런 가난하고 못 배운
사람들에 무관심한 권력자들에게 분노했다. 그리고 선진국이
라고 떠들면서 아직도 그런 아버지들이 쓰레기 취급을 받으

며 여전히 2만 5,000원을 더 벌려고 어두운 밤에 다리에 매
달려 죽도록 일을 해야 하는 현실에 절망했다.

그 억울함과 분노와 절망을 방송이 세상에 알리고, 권력자
들이 귀 기울이고 쓰다듬는데 앞장섰다면 박신우가 테러까
지 감행하고, 윤영화를 인질로 끌어들이지 않았을 것이다. 섬
뜩하고 엉뚱한 설정으로 영화가 그들을 질타할 필요도 없었
을 것이다. 대통령의 사과 한마디로 집약시켰지만 최소한의
인간 대접을 받고 싶다는 박신우의 바람은 결코 현실에서 가
능하지 않다는 것을 확인할 필요도 없었을 것이다.

약자의 '언로'는 누가 막나

"우리는 다르다. 방송이 우선이 아니라 사람이 우선이다." "항상 낮은 편에서 공정하고 바른 뉴스를 전하겠습니다." 윤영화가 한 말이다. 모든 방송과 신문, 앵커와 기자들이 이와 비슷한 말을 한다. 그러나 현실에서는 인간을 무시하고, 스스로 권력을 좇거나 권력의 시녀가 되어 낮은 목소리를 외면하곤 한다. 〈더 테러 라이브〉의 SNC방송도 시청률을 위해 수단과 방법을 가리지 않았고 권력에 굴복해 한 인간의 처절한 외침과 소망을 왜곡했다.

처음에는 방송을 위해 거짓말을 하던 윤영화가 나중에는 마음을 바꿔 박신우의 소리를 귀담아 듣고, 그의 아픔을 이해하고, 그의 간절한 요구를 들어주기 위해 노력하지만 사명 감보다는 개인적인 이유가 크다. 폭파하려는 다리 위에서 현장 보도를 하는 아내의 생명에 대한 위협, 자신의 비리를 약점으로 잡은 권력의 압력과 협박에서 벗어나기 위한 몸부림이었다. 권력자는 결코 약자 앞에서 겸허하거나 정직하거나 너그럽지 않으며, 자신이 위태롭다고 느끼는 순간 수단과 방법을 가리지 않는다는 사실을 그는 몰랐을까.

애초 자신과 타인의 목숨을 담보로 한 박신우의 요구는 실현 불가능했는지 모른다. 방송은 그를 이용했고, 권력자들은 방송을 이용했다. 그들은 기다렸다. 폭파로 고립된 다리의 상판 위에 있던 사람들이 강에 빠져 익사하기를. 테러범이 또 다른 폭파로 사람들의 목숨을 빼앗기를. 그래야 그를 무자비하고 반인륜적 인간으로 몰아 죽여버릴 수 있으니까. 그와 협상을 하거나 어떤 요구도 들어 줄 이유가 없어지니까. "정부는 절대 테러 협상을 하지 않는다"는 경찰청장의 말이 지켜지니까.

죽음을 맞이하면서 박신우는 이렇게 말했다. "그 사람(대통령) 이름으로 사과 받고 싶었는데. 사과 한마디 하는 게 그렇게 어려운 거예요?" 어렵다. 아무리 억울하고, 테러까지 자행하면서 요구할 만큼 간절해도. 설령 그보다 더 큰 잘못이 있더라도 대통령들은 '사과'를 모른다. 역사에 남을 오점이나 국민적 아픔을 주고도 고개를 숙이지 않는다. 대통령은 그래서는 절대 안 되는 것처럼.

"대통령은 사과하면 안 되나"라고 묻고 싶은 때가 많다. 잘못을 솔직히 인정하는 '사과'야말로 진정한 지도자의 자질이고, 권력의 겸손함일 텐데. 대통령만 그런가. 언론은 어떻고. 누구나 말을 할 수 있고, 그 말을 세상에 전하고, 그 말을 차별하지 않고 모두 들어주고, 기꺼이 사과하고 용서하는 방송과 권력. 〈더 테러 라이브〉가 꿈꾸어본 세상이다.

그 꿈은 어쩌면 영원히 현실이 되지 않을지도 모른다. 박신우는 경찰의 총을 맞고 죽었고, 대신 윤영화가 빌딩을 폭파하고 잿더미에 묻혔다. 방송은 잽싸게 아무 일도 없었다는 듯 변신을 하고, 대통령은 박신우가 아닌 국민들에게 "나의 결정을 지지해 준 국민에게 감사합니다. 테러와의 전쟁에서 승리했습니다"는 성명을 발표했다. 상상으로 현실에 도전한 영화가 맞이할 수밖에 없는 결말이다. 그것까지 달콤한 상상이나 허구로 거짓말을 할 수는 없었으니까.

"사고 영상이 매우 적나라하니
시청에 주의해 주십시오"

〈나이트크롤러〉와 프리랜서 기자 루이스

〈**나이트 크롤러**〉 시청률 지상주의와 특종에 집착하는 방송의 자극성과 선정성을 날카롭게 고발한 영화. 돈을 위해서라면 사건 현장 조작과 동료의 죽음을 이용하는 것도 마다하지 않는 비열하고 냉정한 프리랜서 기자와 시청자들의 눈을 사로잡기 위해 그의 영상을 비싼 값에 사서 아무런 여과 없이 내보내는 지역방송의 커넥션을 통해 방송과 기자, 시청자 모두에게 묻는다. 당신이 담고, 내보내고, 보고 있는 것은 무엇인가? 정말 당신이 뉴스에서 원하는 것은 진실인가? 댄 길로이 감독, 제이크 질렌할 주연의 2014년 작품으로 아카데미 작품상 후보로도 올랐다. 원제 〈Nightcrawler〉.

'공포'의 정의는 실제처럼 보이는 가짜 증거

뉴스가 되는 영상이라면 방송은
얼마든지 미리 계획도 하고, 조작도 할 수 있다

사건 현장은 뉴스다. 사건은 밤에 있고 도시는 어둠 속에서 욕망과 탐욕, 일탈과 방심을 드러낸다. 사람들은 아침이 되면 '밤사이'에 무슨 일이 일어났는지 궁금해 TV를 켜고 신문을 펼친다. 독자와 시청자의 눈길을 끄는 그런 뉴스를 찾아 도시의 밤을 돌아다니는 기자. '나이트 크롤러'이다.

많이 달라지긴 했지만, 여전히 신문과 방송의 기자가 되면 수습 과정에서 예외 없이 가장 먼저 배우고 훈련하는 것도 '나이트 크롤러'이다. 이른바 사건기자로 밤마다 경찰서와 대형병원 응급실을 돌고, 사건과 사고가 있는 곳으로 한걸음에 달려간다. 경쟁자들보다 1초라도 빠른 취재로 특종을 하

기 위해.

루이스 블룸(제이크 질렌할 분)도 나이트 크롤러이다. 그는 방송국의 정식 기자가 아니다. 사고 현장을 찍어 LA 지역 뉴스 전문채널에 영상을 파는 프리랜서이다. 미국에는 이런 인간들이 넘쳐난다. 갈수록 열악해지는 미디어 환경, 인터넷과 모바일 시대에 누구나, 언제 어디서든 쉽게 영상을 담을 수 있다는 것을 감안하면 루이스와 같은 나이트 크롤러는 점점 더욱 기승을 부릴 것이다. 파파라치처럼.

이들의 생존에는 또 하나의 조건이 필요하다. 바로 시장과 구매자(돈)가 존재해야 한다. 걱정 없다. 세상에 방송과 신문,

잡지는 넘쳐나고 이들은 시청률과 조회 수, 판매 부수를 위해서라면 어떤 것이라도 비싼 돈을 주고 살 준비가 되어있으니까. 그게 아니라도 휴대폰에서 조회 수로 돈을 버는 방법도 있다. 특히 방송은 예나 지금이나 시청률의 노예에서 벗어나지 못하고 있다. 다채널 시대, 글로벌 미디어 시대가 되면서 소셜미디어와 경쟁까지 하면서 더 심해졌다. 시청자의 관심을 끄는 것이라면 그것이 무엇이든 붙잡으려 한다.

드라마나 오락 프로그램만이 아니다. 뉴스도 예외 없다. 자극과 선정성은 방송이 뿌리치기 힘든 유혹이기 때문이다. 스스로 그 유혹에 기꺼이 동참해 피가 흥건하거나 잔인한 폭력이나 사고 장면을 그대로 내보내 놓고는 〈나이트 크롤러〉의 KWLA 아침 뉴스 진행자처럼 말한다. "사고 영상이 매우 적나라하니 시청에 주의해 주십시오"라고. 이 말은 다른 뜻이 아니다. 한눈 팔지 말고 열심히 보라는 권유이다.

헌신짝이 된 방송의 정직성과 공공성

루이스 역시 방송의 그런 생리를 누구보다 잘 알고, 영악하게 이용할 줄도 안다. 그는 밤거리에서 철조망이나 맨홀 뚜껑이나 훔치는 좀도둑이었다. 어느 날 밤, 우연히 다른 프리랜서 영상기자가 경찰과 소방대원보다 먼저 사고 현장에 도착해서는 불타는 자동차와 부상자의 모습을 적나라하게 찍어 방송국과 흥정해 250달러를 받고 파는 것을 지켜본다.

그들에게 언론의 사명이나 저널리즘의 원칙은 아무 문제가 되지 않는다. 그것을 알지도 못한다. "지옥 불에 뛰어들 듯" 교통사고로 불타는 자동차 내부에까지 들어가 죽어가는 사람들을 촬영하고, '유혈사건'을 최고의 인기상품으로 취급한다. 루이스도 그것을 보고 훔친 자전거로 캠코더와 경찰의 무전을 몰래 들을 수 있는 불법 무선주파수 스캐너를 사서 차에 장착하고는 그 일에 나선다. 그의 머릿속에는 오로지 '돈'만 있다.

사건, 사고가 뉴스가 되는 이유는 뭘까. 단순한 정보 전달 차원이 아니다. 그것을 넘어 경각심과 주의환기, 제도나 환경변화에 대한 문제의식을 담고 있기 때문이다. 그러나 오로지 '돈'만 생각하는 루이스에게 이 같은 뉴스의 가치와 역할, 윤리는 쓰레기에 불과하다. 그에게는 오직 흥정과 거래가 있을 뿐이며, 유리한 거래를 위해 자극적이고 선정적인 상품(사건, 사고)을 누구보다 빠르게 찾아내는 것만이 중요하다. 그래서 LA 시내 도로를 잘 아는 주거불명의 실업자 릭(리즈 아메드 분)을 무급 인턴 조수로 고용한다.

〈나이트 크롤러〉는 밤안개처럼 음습하고, 밤도둑처럼 야비하고, 밤벌레처럼 스멀스멀 방송의 치부를 드러낸다. 루이스는 점차 대담하게 사건 현장을 영상에 담고, 지역방송인 KWLA의 보도국장 니나(르네 루소 분)는 그런 그에게 좀 더 자극적이고 선정적인 영상을 주문한다. 그들에게 시청자는 없다. 오로지 돈과 자신의 자리, 그것을 위한 시청률만 있을 뿐이다. 둘의 태도와 인식, 역학관계를 통해 영화는 '이런 뉴스가 과연 누구를 위한 것인가' 하고 묻는다.

처음 총격사건 현장 영상을 팔러온 루이스에게 니나는 "시청자는 도시범죄에 관심이 높다. 특히 소외된 빈민층보다 잘 사는 백인이 피해자면 더욱 더"라고 가르쳐 준다. 유혈이 낭자한 영상을 가리키면서 돈이 되는 뉴스란 "목을 베인 여자가 길 한복판을 뛰어다니는 중에 보도하는 상황 같은 것"이라고 설명해 준다. 뉴스의 의미나 방송 윤리를 떠나 수단과 방법을 가리지 말고, 선정적이고 자극적인 영상만 있으면 된다는 얘기다.

한두 번 영상을 팔면서 방송이 얼마나 위선적이며, 조작하기 쉬운 것인지 알게 된 루이스는 좀 더 뛰어난 화질을 위해 장비도 바꾸고, 기동력을 높이려 자동차도 새로 산다. 시청률에 목을 건 니나의 약점을 이용하는 뻔뻔함도 보인다. 이제 그에게 영상은 단순히 '있는 그대로'를 담은 것이 아니다. 뉴스(돈)가 되는 영상이라면 얼마든지 미리 계획도 하고, 조작도 할 수 있다. 그것을 거부하려는 조수 릭에게 그는 "공포의 정의는 실제처럼 보이는 가짜 증거"라는 말로 위협한다.

라이벌을 제거하기 위해 자동차를 고장 내 교통사고를 당하게 하고는, 그 현장을 생생하게 찍어서 파는가 하면, 총격사건이 일어난 집에 다른 경쟁자보다 한 발 늦게 도착하자

'뭔가 다른 것을 찍기 위해' 내부로 무단 침입해 가족사진을 촬영하고 우편물을 몰래 가져나온다. 니나는 그의 영상과 물건이 불법인줄 알면서도, 방송윤리에 어긋난다는 직원의 주장을 묵살한 채 방송에 내보낸다. 정식 교육 대신 인터넷으로 삶의 방식과 목표, 나아가 방송영상의 생리까지 배운 루이스는 이렇게 강조한다. "목표가 무엇인지 아는 게 중요하다." 그의 목표는 TV 뉴스가 되는 것을 찾고 만드는 일이다. 그는 자신이 잘 아는 일이라고 믿고 있다.

'뉴스가 시청률이고 돈'인 세상

이 비뚤어진 목표와 믿음은 누가 주었을까. 그의 영상을 사주고 방송에 내보내고, 더 자극적인 영상을 요구하고, 불법도 눈감아준 방송이다. 그가 어떤 짓을 했건, 방송은 신경 쓰지 않는다. 진위를 가리기 전에 '흥미'를 먼저 생각한다. 이런 방송의 생리를 간파한 루이스는 스스로 연출가가 된다. 시청자의 눈길을 잡는 영상 구도를 생각해 교통사고 현장에서 시신까지 몰래 옮겨놓고 촬영한다. 이렇게 바꾸고, 조작하면 어떤가. 시청자들은 모두 '진짜'라고 믿는데. 마치 KWLA의 뉴스룸 벽에 걸려있는 도시 야경이 가짜(대형 사진)이지만, TV로 보면 진짜인 것처럼.

루이스의 비뚤어진 확신과 자만, 탐욕과 환상은 고급주택 침입 3인조 무장 강도사건 현장에서 절정을 이룬다. 경찰보다 앞서 현장에 도착해 범인들의 모습을 촬영하고도 '또 하나의 거래'를 위해 영상 복사본 제출을 거부한다. 몰래 범인을 미행해 유혈이 낭자한 장소에서 경찰에 신고하고는 그 현장을 오롯이 영상에 담아 방송에 팔겠다는 계획이다.

그 계획은 멋지게 성공해 루이스는 거액을 번다. 경찰의 추궁도 '우연'을 가장해 벗어나고, 오히려 그것을 자신의 홍보수단으로 삼는다. 약점을 잡아 협박하는 릭을 살인 용의자의 총에 죽게 만들고는 그 모습까지 몰래 카메라로 촬영하면서 "너라도 나처럼 했을 거야"라고 말하는 파렴치한 짓도 서슴지 않는다. 더욱 섬뜩한 것은 "당신은 죽어가는 모습을 찍었잖아요"라고 비난하는 경찰을 향해 일말의 양심의 가책도 느끼지 않는 그의 반응이다. "맞아요. 그게 바로 제가 하는 일이죠. 제 직업입니다."

〈나이트 크롤러〉는 극단적 설정이고, 허구이다. 프리랜서 영상기자란 직업의 존재와 역할, 비중이 다른 우리 방송과는 더욱 거리가 있다. 1930년대 뉴욕의 실존 '나이트 크롤러'로 이름을 날린 오스트리아 출신 사진작가 '위지'를 빼닮은, 광기와 집착에 가까운 루이스의 모습도 우리에겐 조금 낯설다. 그렇다고 하더라도 시청률 지상주의에 매달려 갈수록 더 선정적이고 자극적인 영상을 원하고, 의미를 왜곡해 거침없이 내보내는 방송의 모습까지 남의 이야기는 아닐 것이다. 뉴스의 정의가 '시청률'이고, 그것이 '돈'이라는 〈나이트 크롤러〉의 냉소가 날카롭게 파고드는 이유이다.

인터넷 언론이라고 다르지 않다. 자유자재로 동영상을 올릴 수 있고, 얼마든지 그럴듯한 자료를 모아 가짜 뉴스와 영상조작이 가능한 시대이다. 크롤러가 '방대한 웹페이지를 두루 방문하여 각종 정보를 자동적으로 수집해오는 프로그램으로 검색엔진의 근간'을 일컫는다는 것도 아이러니이다.

"인생 최악의 날에 저를 만나게 될 겁니다." 아무 일도 없었다는 듯, '비디오 프로덕션 뉴스'라는 회사 이름까지 내걸고 새 인턴을 뽑은 루이스가 마지막에 우리를 향해 남긴 말이다. 이미 그를 만난 사람들도 있을 것이다. 이제부터라도 그 누구에게도 그의 말이 현실이 되지 않기를 바랄 뿐이다.

한국방송윤리위원회의 규정

건전한 사회 풍조를 진작시키기 위해 모든 방송사는 다음 몇 가지 기준을 어기는 내용의 방송을 금지한다.

- 분별없는 남녀 간 애정관계나 환락가 또는 윤락가의 실상을 지나치게 묘사 또는 부각시키는 내용
- 고부 간 또는 부부 간 그 밖의 가족 성원 간의 갈등을 지나치게 묘사해서 우리나라 고유의 혼인제도 또는 전통적인 가족 미풍을 해칠 염려가 있는 내용
- 등장인물을 무절제하게 또는 비생산적으로 묘사하거나 지역 간, 계층 간 갈등을 유발케 하는 내용
- 범죄 수사물을 흥미 위주로 다루거나 관능적인 남녀 관계, 치정 관계 또는 지나친 폭력 장면 등을 묘사하는 내용
- 어린이 · 청소년의 품성과 정서를 해칠 우려가 있는 방송극에 어린이들을 배역하거나 소재로 하는 내용
- 사치스러운 무대 · 장치 · 소품 · 의상 등으로 호화생활을 묘사하는 내용 등이다.

"여기서 진실이란 각자가 '말하는 것'들이다.
그것이 모두 진실이라고 가정한다면
진실은 도대체 몇 개인가?"

〈우행록: 어리석은 자의 기록〉과 주간지 기자 다나카

〈우행록: 어리석은 자의 기록〉 1년 전에 일어난 끔찍한 일가족 살인사건의 범인을 밝히려고 시사주간지 기자 다나카가 취재에 나선다. 뚜렷한 물증도, 목격자도 없이 미궁에 빠져 경찰도 손을 놓은 사건을 두고 그는 희생자 부부의 직장 동료, 대학 동창, 과거 연인 등을 차례로 만나 인터뷰하면서 진실에 접근하려 한다. 영화는 그 과정을 통해, 그리고 마지막 반전으로 인간의 '말'이 어디까지 진실이고, 어디까지가 거짓인지를 묻는다.

누쿠이 도쿠로의 동명 소설이 원작인 2016년 일본 영화. 감독 이시카와 케이, 주연 츠마부키 사토시 · 미츠시마 히카리. 국내에는 2019년 개봉했다. 원제 〈愚行録〉.

아무도 진실을 말하지 않았다

사실 그대로 옮기기만 한다고
기자의 역할과 책임이 끝나는 것은 아니다.
말이 곧 진실이 되지는 않기 때문이다

사람의 말은 진실인가? 그럴 수도 있고, 아닐 수도 있다. 말하는 사람이 아무리 "내 말은 진실"이라고 주장하고, "한 점 숨김없는 양심의 고백"이라고 강조하더라도 그의 말이 곧 진실은 아니다. 그것을 뒷받침할 확실한 증거와 사실이 나오기 전까지는.

단지 거짓말이 아니라는 이유로 그것이 진실이라고 단언할 수도 없다. 그 진실은 말하는 자의 선택적 노출과 지각으로 '믿고 싶어 하는 기억과 생각'일 수도 있다. 기억은 때론 자신도 모르게 조작되기도 한다. 하물며 누구도 확인할 길이 없는, 자신만이 알고 있는 감정과 느낌은 말해 무엇하랴. 말에 관한 한 거짓의 반대가 곧 진실은 아니다. 〈우행록: 어리석은 자의 기록〉(이하 〈우행록〉)에서도 사람들의 말이 서로 엇갈리고 충돌한다. 영화는 이렇게 말하고 싶은지 모른다. '누구도 거짓말을 하지 않았다. 그러나 아무도 진실을 말하지 않았다.'

일찍이 인간의 말을 믿는다는 것이, 그것으로 진실을 밝힌다는 것이 얼마나 위험하고 어리석은지를 보여준 같은 일본영화로 베니스영화제 황금사자상과 아카데미 최우수 외국어영화상을 수상한 구로사와 아키라 감독의 〈라쇼몽〉(1950년)이 있다. 지극히 단순하고 명백해 보이는 숲속에서 일어난 살인사건을 놓고 현장에 있던 도적, 나무꾼, 죽은 남자의 아내 등의 서로 다른 진술이 실체적 진실 파악을 오히려 불가능하게 만든다. 엇갈리는 그들의 증언에는 죄를 피하기 위한 자신의 입장과 이해관계가 얽혀있기 때문이다.

이를 통해 영화는 두 가지 질문을 던진다. 우리의 기억은 정확한가. 정확하다면 그것을 숨김이나 왜곡 없이 말하는가. 여러 개의 서로 다른 '진실'이 '하나뿐인 진실'을 가려버리는 것을 보고 승려는 '이곳이 지옥'이라고 개탄한다.

말, 어디까지 믿어야 하나

언론이 '말'을 진실이라고 믿고, '말'만으로 진실을 찾으려 한다면 전제가 필요하다. 말하는 사람이 진실해야 한다. 그리고 그 말을 기사로 옮기는 기자 역시 어떤 편견이나 사심이 없어야 한다. 〈우행록〉은 과연 그것이 가능한가 하고 묻는다.

말로 진실을 찾으려는 이가 1년 전, 일본 열도를 경악시킨 타코우 일가 살인사건을 다시 취재하겠다고 나선다. 주간지 '테라스'의 기자 다나카(츠마부키 사토시 분)이다.

사실 경찰 수사에서 어떤 물증이나 목격자도 찾아내지 못해 1년 동안 미궁에 빠진 사건을 결정적 제보나 새로운 증거의 발견도 없이 다시 추적해 진실을 밝히려 한다는 것 자체가 무리이다. 기억을 일깨우는 감상적 스토리, 이미 수도 없이 나온 다분히 선정적인 추리는 흥미와 상업성은 가질지 몰라도 진실규명이나 기사로서의 가치는 없다. 데스크가 "우리가 이미 다 알고 있는 것을 누가 읽겠어?"라고 부정적 반응을 보인 이유이다.

그래도 기자는 매달릴 수 있다. 진실을 찾아내 세상에 알리고 싶은 욕망과 사명감 때문이다. 그 집념이 때론 불가능해 보이는, 수사기관도 밝혀내지 못한 진실을 끈질기게 찾아내는 '특종'을 하게 하기도 한다. 억울한 사람의 한을 풀어주고, 세상을 바꾸기도 한다.

그럴 가능성이 조금이라도 있기에 편집장은 다나카에게 "기사를 보고 게재를 결정한다"는 조건을 달고 취재를 허락한다. 아동학대로 정신병원에 수감된 여동생 미츠코(미츠시마 히카리 분)로 인해 상심해 있는 그에게 집중할 수 있는 시간이 필요하다는 판단도 했다. 혹시 모르지, 그러다 정말 세상을 놀라게 할 특종을 물어오면 금상첨화이고.

　다나카 역시 겉으로는 그런 의욕과 돌파구로 시작하는 듯
한 모습을 보인다. 현장을 다시 한 번 둘러보고, 대기업에 다
닌 엘리트 남편과 미모의 아내, 나란히 명문대를 나온 희생
자 부부의 주변 인물들을 차례로 만난다. 이웃여자부터 직장
동료, 대학 동창과 과거 애인까지 만나 살해된 부부의 과거
사를 듣고, 궁금한 것들을 묻는다. 그들이 말하는 '진실'의 조
각들로 살해 동기와 범인의 퍼즐을 완성해 보려 한다. 제보
도, 새로운 증거도, 수사권도 없는 기자로서는 유일한 선택
인지도 모른다. 그에게 희망은 그 말들에 숨어있을지 모르는
진실이다.

　단조롭고 반복적인 작업이다. 그 단순함과 반복이 사건의

본질을 더욱 객관적이고 깊이 있게 파악하게 만든다. 말들이 입체적으로 결합해 하나의 진실을 향해가는 짜릿함도 있다. 추리 장르의 영화와 소설이 가진 매력이기도 하다. 실제로 언론이 인터뷰 형식의 기사를 자주 쓰는 것도 기자의 서술보다는 당사자의 입에서 나온 말이 훨씬 더 '살아있는 사실'로 다가가기 때문일 것이다.

그런데 아니다. 〈라쇼몽〉처럼 〈우행록〉에서도 희생자 부부에 대해 서로 다른 진술이 충돌하고, 서로 다른 사실들이 드러난다. 치근대는 여자를 떼어내기 위해 죽은 남자 타코우(코이데 케이스케 분)는 입사 동기인 와타나베와 야비한 공모를 하고, 대학 동창인 미야무라는 죽은 여자 나츠하라에게 남자친구 오가타를 빼앗긴 상처가 아직도 남아있다. 동아리 친구 메구미는 타코우의 출세욕을 이용해 그를 잠시 애인으로 만들고, 마지막에 가서야 '진실'을 드러내는 다나카의 여동생 마츠코는 불행한 가족사를 감추고 상류사회로 진입하기 위해 발버둥을 치다 상처만 입는다.

말이 곧 진실은 아니다

그들의 시선은 한곳으로 향하지 않는다. 그들의 말도 하나로 모아지지 않는다. 각자의 시선이고, 각자의 기억과 경험과 판단이다. 때문에 여기서 진실이란 각자가 '말하는 것'들이다. 그것이 모두 진실이라고 가정한다면 진실은 도대체 몇 개인가? 그것을 합하면 무엇인지 알 수 없는 일그러진 그림이 된다. 진실은 미궁에 빠져 원점으로 돌아온다.

그들이 말하는 진실에는 지금까지 알고 있는 것과는 다른, 아니면 밝혀지지 않았던 희생자들의 다른 얼굴도 보이지만, 그들 마음대로 감추고 꾸미고 덧칠한 얼굴도 함께 보인다. 각자 자신의 입장, 감정으로 그렸기 때문이다. 어쩌면 충분히 찾아낼 수도 있는 진실을 놓쳐버린 채 자신들에게만 매몰되어 있는 모습이다. 기자인 다나카도 그것을 알기에 그들의 말을 기사로 쓰지 못한다. 진실이 아니니까.

〈우행록〉은 사회 정의를 외치지 않는다. 기자의 양심과 언론의 역할을 강조하는 영화는 더더욱 아니다. 〈라쇼몽〉에서 승려가 한탄했듯이 인간의 이기심과 어리석음에서 나오는 말이 얼마나 믿음을 파괴하고, 진실을 외면하고, 나아가 악으로 이어지는지에 대한 날카로운 비판과 성찰이다. 그 어리석음의 바탕에는 인간의 이기심과 복수심, 탐욕이 만들어 놓은 수많은 장벽과 차별, 그로 인한 좌절과 분노와 상처가 깔려있다.

다나카도 예외가 아니다. 기자가 아닌 오빠로서 여동생의 죄악(진실)과 끔찍한 가족사를 감추는 충격적 반전으로 악행의 길로 스스로 걸어 들어간다. 영화 시작에 시내버스에서 노인에게 자리를 양보하기 싫어 다리가 불구인 것처럼 행세하다가 내려서는 태연하게 걷듯이. 다나카만이 아니다. 그의 '어리석은 자의 기록'을 읽고, 진실이라고 생각했다면 우리 역시 '어리석은 자'이다.

"난 인간의 말을 믿지 않아." 지금은 유명 소설가인 선배가 신문사 문화부 기자 시절에 한 말이다. 그래서 그는 인터뷰하기를 싫어했고, 그것으로 기사를 쓰는 것도 싫어했다. 어떤 사람이 그렇게 말했다는 것은 분명 '사실'이다. 그렇다고 그것을 그대로 잘 옮기기만 하면 기자의 역할과 책임이 끝나는 것도 아니다. 아무리 서로 가깝고, 다양한 노하우를 가졌다 해도 그것으로 '말이 곧 진실'이 되지는 않기 때문이다. 자신은 진실이라고 확신하지만 그 진실의 말이 얼마든지 거짓일 수 있고, 자신이 믿고 싶어 하는 것일 수 있다. 자칫 또 하나의 '우행록'이 될 뿐이다.

지금의 언론을 보면 더욱 그렇다. 말조차 제멋대로 자르고 비틀어 엉뚱한 '사실'로 만들어 버리고, 정반대인 두 개를 서로 진실이라고 우기고, 끝나기가 무섭게 돌아서서는 말을 뒤집고는 "그것도 진실, 이것도 진실"이라고 변명하는 자가당착에 빠져있다. 그렇다고 언론이 말을 무시하거나 버릴 수는 없다. 말이야말로 진실의 퍼즐을 맞추어주는 소중한 '조각'이니까.

그것을 위해 무엇보다 '말'을 잘 가려내야 한다. 비록 기자로서의 역할을 포기하고 불행한 여자의 오빠로서 덮어버리기는 했지만, 〈우행록〉의 다나카도 결국 수많은 말들 속에서 진실을 찾아냈다.

"쇼는 계속되어야 해"라고 말한다.
뉴스조차 쇼이고, 정치는 한 편의 신나는 영화이다

〈왝 더 독〉과 방송 제작자 모츠

〈왝 더 독〉 미국 대선을 12일 앞두고 백악관에 비상이 걸린다. 재선을 노리는 현직 대통령이 백악관에 견학 온 걸스카우트 학생을 성추행한 사건이 터진 것이다. 다급한 백악관 참모진은 정치 해결사를 불러 국민의 관심을 다른 곳으로 돌릴 계획을 세운다. 느닷없이 알바니아를 적대국으로 설정해 전쟁 분위기를 조성한다. 그런 다음 할리우드 유명 제작자의 도움으로 가짜 전쟁과 가짜 전쟁 영웅을 TV로 방영한다. 이들의 '완벽한 미디어 조작'에 국민들은 속아 넘어가고, 대통령은 압도적인 지지율로 재선에 성공한다. 베리 레빈슨이 감독하고, 로버트 드니로, 더스틴 호프만이 주연한 1997년 작품이다. 원제 〈Wag The Dog〉.

지금 보고 있는 뉴스는 '사실'일까?

마음만 먹으면 미디어 스스로 얼마든지 교묘하고 치밀하게

가짜 뉴스를 만들고, 가짜 댓글로 여론을 호도할 수 있다

〈왝 더 독〉이 국내 개봉한 것이 1998년 9월. 그해 2월에 열린 아카데미영화제 시상식에서 더스틴 호프만이 남우주연상 후보에 오르고 영화 제목이 가진 의미가 다양하게 은유되기도 했지만, 지금까지도 이 영화를 기억하는 사람은 많지 않을 것이다. 수상에 실패했으니 해마다 아카데미가 열리면 찾곤 하는 '다시 보는 명작'으로도 부르지 않았으니까.

그럼에도 불구하고 미디어에 관심이 있거나 그 분야에서 일하고 있는 사람이라면 한 번은 보고 그 의미를 곱씹어 봐야 할 영화이다. '미디어 조작'에 관한 더 없이 좋은 교재로 꼽힌다. 그 사이에 미디어는 엄청난 속도로 변화를 거듭했지

만 〈왝 더 독〉은 한낱 지나간 시대의 상상과 풍경이 아니다. 어쩌면 더 생생한 현실로 남아있다. 그 이유는 무엇일까. 세상도, 권력도, 그리고 미디어도 그 속성은 바뀌지 않았기 때문이다.

20년 전, 처음 영화 제목을 보고 사람들은 고개를 갸우뚱했다. '꼬리가 개를 흔든다? 무슨 말이지?' 영화는 이런 궁금증은 미뤄놓은 채 오히려 제목에 대한 은유적 자문자답으로 시작한다. "개는 왜 꼬리를 흔드는 걸까? 그것은 개가 꼬리보다 똑똑하기 때문이다. 그렇지 않았다면 꼬리가 개를 흔들어댔을 것이다."

〈왝 더 독〉은 바로 개보다 똑똑한 꼬리, 꼬리보다 아둔한 개에 대한 이야기이다. 여기에서 개는 무엇(누구)이고, 꼬리는 무엇(누구)인가. 개는 여론과 국민이고 꼬리는 권력과 정치인이다. 그리고 불행하게도 그 꼬리, 개를 흔드는 도구가 바로 미디어인 TV이다.

미국 대선을 불과 12일 앞두고 백악관이 발칵 뒤집어지는 대통령의 성추행이 터지자 참모진은 오로지 이 사건으로 대통령의 재선이 어려워질지 모른다는 걱정부터 한다. 사건의 진실 여부는 관심 밖이다. 그들은 국민의 관심과 여론을 다른 곳으로 돌리기 위해 고민하다 더 큰 사건을 조작해 '물타기'를 하기로 한다. 바로 '적대적 감정' 자극을 위한 '전쟁'이었다. 정치 해결사 브린(로버트 드니로 분)을 고용한 백악관은 알바니아를 적대국으로 설정해 전쟁 분위기를 고조시킨다. 그리고는 할리우드 유명 제작자인 모츠(더스틴 호프만 분)를 끌어들이고 방송국에 압력을 가해 가짜 전쟁 현장을 생생하게 TV 뉴스로 내보낸다.

지금 보고 있는 뉴스는 '사실'일까

'꼬리의 몸통 흔들기' 사기극에 대통령의 성추행 사건은 흐지부지 묻히고, 국민들은 가짜 전쟁 현장으로 빨려 들어간다. 그럴 수밖에 없다. 알바니아는 미국 국민들에게 너무나 멀고 생소한 나라이고, 그곳에서 일어나는 일은 미디어가 아니면 알 수가 없다. TV가 전달하는 뉴스가 곧 진실이라고 믿는다. 미디어가 전하는 불안, 위기, 공포를 신뢰하고 민감하게 받아들인다.

미국과 아무런 관계가 없는 알바니아를 선택한 이유도 그 때문이다. 그들은 보이지 않는 실체로 국가적 위기와 자유의 위협을 강조했고, 애국심을 자극했다. 대통령의 도덕성과 전쟁의 결단은 분명 별개의 사안임에도 미국 국민은 둘을 혼동했다. 사람들의 관심은 전쟁에 대한 정확한 진실이 아니라, 전쟁의 모습을 담은 그럴듯한 사진이나 영상, 그리고 극적이고 감동적인 전쟁 속 영웅에게 쏠렸다.

그래서 똑똑한 꼬리는 가짜 전쟁에 이어 가짜 전쟁 영웅 슈만과 그의 스토리까지 만들어 냈다. 상대 후보 진영에서 낌새를 알아차리고 대통령의 성추행을 다시 들고 나오려 하자 그들은 알바니아에 억류된 슈만에게 '낡은 구두'란 별명을 붙여주고 감동적 스토리텔링으로 대응해 국민의 관심과 시선을 빼앗아 버린다. 모츠의 말처럼 가짜 뉴스의 1막이 끝나자 2막을 시작한 것이다.

국민들은 스웨터 차림으로 적진에 뛰어들고, 사지에서 어머니를 위로하는 편지를 쓰고, 낡은 구두를 신고 조국의 자유와 평화를 위해 전장을 누빈 병사의 이야기에 눈물을 흘리고 박수를 보낸다. 무사귀환을 빌며 그의 노래를 부르면서 낡은 구두를 나무에 건다. 그리고 그가 전장이 아닌 불의의 사고로 죽자 국가적 영웅의 안타까운 희생이라며 애도한다. 이런 집단의식이야말로 꼬리에 흔들리는 어리석은 개의 모습이라고 〈왝 더 독〉은 말한다. 그 흔들림을 이용해 대통령은 선거에서 89%라는 압도적 지지율로 재선에 성공한다.

브린과 모츠는 죄책감보다는 그런 국민을 마음껏 조롱한다. 브린은 "슬로건은 기억하면서 전쟁은 기억 못 해"라고 말하고, 모츠는 슈만의 장례식을 지켜보며 "쇼는 계속되어야 해"라고 말한다. 그들에게는 뉴스조차 쇼이고, 정치는 한 편의 신나는 영화이다. 모츠가 "나도 정치를 할 걸 그랬어. 포장만 다르지 연예계랑 똑같아"라고 비아냥거린 것도 그래서였다.

꼬리가 개를 흔든 쇼는 멋지게 피날레를 장식했다. 가짜 뉴스로 국민을 속여 여론의 흐름을 바꾸고, 대통령은 다시 권력을 잡았다. TV 쇼의 핵심인 과감한 기획, 빈틈없는 전략,

국민 정서를 파고드는 섬세한 연출의 세 박자가 맞아떨어진 결과였다. 그 성공에 없어서는 안 되는 것이 하나 더 있었다. 바로 쇼의 무대 역할을 충실히 한 TV이다. 만약 TV가 용기 있게 권력의 꼭두각시놀음에 놀아나지 않고, 미디어의 기본적 사명인 '사실을 전달하는 국민의 눈과 귀 역할'을 조금이라도 실천했다면, 그들의 쇼는 비참한 결말을 맞았을 것이다. 아니 시작조차 못했을 것이다.

더욱 은밀하고 교묘해진 '꼬리와 무대'

그러나 TV는 그렇게 하지 못했다. 연출된 가짜 뉴스를 그대로 내보내 꼬리가 개를 흔들게 했다. 애초 똑똑하고 힘센 꼬리는 '방송은 시키는 대로 다하는 충실하고 나약한 개'라고 생각하고 있었는지 모른다. 때문에 쇼를 펼칠 무대는 걱정하지 않았다. 〈왝 더 독〉이 풍자 대상으로 삼은 것은 물론 정치권력의 부도덕한 음모와 그것에 놀아나는 국민이다. 이를 위해 영화가 조금의 가책이나 망설임도 없이 TV를 그런 존재로 취급할 수 있다는 자체가 놀랍고 씁쓸하다. 언론의 자유와 독립이 가장 잘 보장된다는 미국에서도 권력은 언제든 방송을 마음대로 할 수 있다는 얘기가 아닌가.

〈왝 더 독〉 역시 과장이고, 현실과는 거리가 멀다. 당시 빌 클린턴 대통령과 백악관 인턴 직원인 르윈스키의 섹스 스캔들, 그것을 무마하기 위해 아프가니스탄과 수단에 기습적 미사일 공격을 감행한 백악관의 전략이 연상되지만 어디까지나 풍자일 뿐이다. 아무리 권력이 세더라도 자유민주주의 국가에서 대통령이 방송까지 마음대로 좌지우지할 수 있었던 것은 아니다.

설령 그렇게 할 수 있다 해도 영화에서처럼 국민이 일방적으로 '흔들리는 개'가 되지는 않는다. 미디어가 전달하는 것을 아무런 의심 없이 모두 사실로 받아들일 만큼 사람들은 어리석지 않으며, TV를 통해서만 정보를 접하지도 않기 때문이다. 더구나 지금처럼 모바일 휴대폰으로 누구든 세계 곳곳의 뉴스를 접할 수 있고, 다양한 대안 매체들이 감시와 견제를 하고 있는 미디어 환경에서는.

그렇다고 〈왝 더 독〉이 황당한 상상일 뿐이라고 자신 있게 말할 수 있을까. 같은 해(1998년) 국내 개봉한 피터 위어 감독의 〈트루먼 쇼〉에서는 TV가 한 사람의 인생 전부를 거대한 가짜로 만들어버렸다. 그때나 지금이나 여전히 우리는 미디어를 통해 만나는 세상을 '사실'로 믿으려 한다. 그 '사실'이 때론 권력에, 때론 정파적 입김에, 때론 방송 스스로에 의해 조작되고 왜곡되고 과장되고 있음에도. 언론학자 파하드 만주가 말하는 확증편향에 빠져 미디어가 전달하는 정보, 그중에서도 내 입맛에 맞는 것, 내가 믿고 싶은 것만 받아들이는 '이기적 진실'에 빠져있다.

어쩌면 〈왝 더 독〉이 나온 시대보다 지금이 더 미디어 조작이 쉬운 시대인지도 모른다. 마음만 먹으면 미디어 스스로 얼마든지 교묘하고 치밀하게 가짜 뉴스를 만들고, 가짜 댓글로 여론을 호도할 수 있다. 전통 미디어에 대한 불신과 불만으로 탄생한 대안 미디어, 누구나 뉴스 전달자가 될 수 있는 소셜 미디어 시대, 견제와 감시를 뛰어넘으려는 미디어 패싱meadia passing 시대라고 다르지 않다. 많은 가짜 뉴스와 의견 뉴스를 통해 오히려 정보 독점과 독선, 정파적 영합으로 '왝 더 독'을 부추기고 있다. 영화 〈왝 더 독〉이 현재성을 가지는 이유이다.

모습과 방식은 달라도 우리는 여전히 미디어 조작 시대에 살고 있다. 꼬리에 흔들리는 개가 되지 않기 위해서, 또는 꼬리가 몸통을 함부로 흔들지 못하게 하기 위해서 어떻게 해야 하는지 모르는 사람은 없다. 그것이 언론의 건강성을 회복하는 길이라는 것도 안다. 그럼에도 '나는 아니야'라는 제3자효과이론과 '내가 알고 믿는 것만 사실'이라는 이기적 진실에 사로잡혀 나는 바꾸지 않아도 되고, 바꿀 이유도 없다고 착각한다. 보이는 것만이 진실이 아니듯, 내가 믿는 것이 모두 진실은 아니다. 그것을 모른 채 스스로 가짜 뉴스의 생산자와 소비자가 되어가고 있다.

"이 신문을 통해 시민에게 진실만을 전해드리겠습니다.
결코 누구에게도 간섭받지 않겠습니다.
또 불굴의 투지로 싸울 수 있는 장을 마련하겠습니다"

〈시민 케인〉과 언론재벌 케인

〈시민 케인〉 미국 17개 도시의 일간지를 매입·창간하고, 통신사와 3개 방송국까지 경영한 언론재벌 윌리엄 랜돌프 허스트를 모델로 했다. 오손 웰즈 감독의 데뷔작으로 직접 주연까지 맡은 1941년 흑백영화. 프레임 속의 모든 대상에 초점을 맞추는 '딥 포커스' 등 당시로는 획기적인 촬영, 편집기법을 동원한 세계 영화사의 걸작으로 꼽힌다. 미국 언론계를 장악했던 찰스 포스터 케인이 '로즈버드'란 한마디를 남기고 죽자, 그 말이 무엇을 의미하는지 추적하는 과정을 통해 오만과 모험, 독선과 고독으로 점철된 한 언론재벌의 인생을 조명한다. 원제 〈Citizen Kane〉.

신문은 성(城)이 아니며,
발행인은 황제가 아니다

신문의 진정한 가치와 독자의 사랑이 어떤 것인지
알고 있으면서도 거대 자본을 이용해 그것을 자기만족의
수단으로 변질시킨 발행인에게 '시민'은 조롱일지 모른다

"한 사람의 일생을 어떤 단어로 표현
할 수 있다고는 생각할 수 없소."

언론재벌인 찰스 포스터 케인(오손 웰즈 분)이 죽기 전에
마지막으로 남긴 말인 '로즈버드'가 무엇인지 추적하던 기자
제리 톰슨(윌리엄 알랜드 분)은 이렇게 말한다. 관객들은 마지
막 장면에서 쓰레기처럼 불 속에 던져지는 케인의 유품인 어
릴 때 타던 눈썰매가 '로즈버드'란 것을 안다. 그러나 톰슨은
끝내 알지 못하고 돌아선다.

설령 톰슨이 그것을 알아서 기사로 쓴들 무슨 의미가 있으
랴. '로즈버드'가 어릴 때의 순수한 기억이든, 돌아가지 못한
동심의 세계이든, 그의 말대로 그것 하나로 한 인간을 설명

할 수는 없다. 아무리 보잘 것 없는 삶을 살았더라도 말이다. 하물며 언론재벌로 한 시대를 떠들썩하게 만든 인물이라면. 인생이란 그렇게 단순하지도 않고, 보이는 것만이 전부는 아니기 때문이다.

그래서 톰슨은 '로즈버드'를 "그가 가질 수 없었던 것, 아니면 가졌지만 잃어버린 그 어떤 한 조각일 것"이라고 추측하고 만다. 가지려고 했지만 가지지 못한 것, 가졌다고 생각했지만 사실은 가지고 있지 않은 작은 조각. 결코 인생 전부는 아니다. 오손 웰즈가 수수께끼 같은 이야기 구성을 통해 〈시민 케인〉에서 말하려는 것도 바로 그 쓰레기로 태워지는 썰매처럼 아무리 소중해도 영원히 간직할 수 없는 삶의 허망함일 것이다.

〈시민 케인〉은 1941년 겨울, '뉴욕 인콰이어러'를 비롯해 37개 신문의 발행인이자 2개 라디오의 소유주였던 70세의 찰스 포스터 케인의 죽음으로 시작한다. 플로리다에 세워진 그의 세계 최대 개인소유 저택은 쿠빌라이 황제의 궁전 이름을 따 '제나두 성'으로 불린다. 10만 그루의 나무가 심어져 있고, 20만 톤의 대리석이 깔려있으며, 세상의 온갖 보물을 사들여 전시한 박물관이 10개나 되는 초호화 궁전이다. 이런 곳에서 노년을 보내다 혼자 쓸쓸히 맞은 그의 죽음은 당연히 큰 뉴스이고, 모든 신문의 헤드라인을 장식한다.

과연 그는 '시민'이었을까

〈시민 케인〉 역시 자료 사진과 영상으로 그의 일대기를 요
란하고 장황한 뉴스처럼 먼저 내보낸다. 어머니가 여인숙을
운영하던 가난한 어린 시절부터 어느 손님이 밀린 방세로 준
버려진 광산에서 황금이 쏟아져 벼락부자가 된 후에 언론재
벌이 되기까지. 그리고 두 번의 요란한 결혼과 이혼, 대통령
의 질녀인 첫 부인과 아들의 사망과 두 번째 부인의 자살기
도로 이어진 불행한 가정사, 1929년 파산으로 신문사의 모든
권리를 양도하고 무너진 왕국에서 홀로 죽음을 맞은 그의 일
생을 조명하며 애도한다.

유명인의 부고 기사가 그렇듯, 비난은 고인에 대한 예의가
아니다. 〈시민 케인〉도 너그럽다. "케인은 세상의 개혁에 기

여했고, 많은 업적을 장식한 인물"이라고 결론을 맺는다. 그
러나 그것으로 끝내지 않는다. 우리가 본 것은 위대한 미국
인이다. 정말 그럴까. 아닐지도 모른다. 우리는 그가 거물인
것만 알고 있다. 그가 어떤 사람인지 전해야 한다. 케인의 마
지막 말인 '로즈버드'에 분명 무슨 의미가 있을 것이다. 기자
인 톰슨의 취재는 이렇게 케인의 진실, 사람들이 알지 못하
거나 잘못 알고 있는 언론재벌의 삶의 궤적을 과거 그와 함
께 했던 사람들을 만나 확인하는 작업이었다.

　가난과 아버지의 폭력으로 불우했던 어린 시절이나 결국
비극으로 끝난 결혼 등의 사생활은 한 인물의 삶에 있어서
직·간접으로 중요한 시간과 사건임에는 틀림없다. 그러나

여기서는 잠시 미뤄두고 뜻밖의 횡재로 갑부가 된 언론재벌, 발행인으로서의 케인부터 만나보자. 25세에 모든 재산을 물려받은 그가 왜 은행가이자 후견인인 대처(조지 컬러리스 분)가 권유한 당시 유망한 금광, 유전, 부동산 사업을 거부하고 신문사업에 흥미를 갖고 뛰어들었을까.

분명 '돈' 때문은 아니었다. 돈은 그에게 더 이상 의미가 없었다. 해답은 그가 처음 '뉴욕 인콰이어러'지를 인수하면서 보여준 모습에서 찾을 수 있다. 그는 1면 머리기사에 '기업 합병으로 시민을 착취', '지주들이 빈민굴을 없애는데 반대', '월스트리트에 구리 사취범 등장' 등 기업가와 지주와 자본가를 신랄하게 비판하는 선동적이고 직설적인 폭로·고발기사를 과감하게 실었다. 공산주의자라는 소리도 들렸지만 아랑곳하지 않고 "성실한 근로자들이 돈에 눈먼 해적들에게 강도질 당하는 것을 보고만 있지 않을 것", "그들을 지키는 것이 나의 사명"이라고 호언했다.

노동자와 서민들의 지지가 쏟아졌다. 신문 판매도 급증했다. "이런 것이 신문사를 경영하는 당신의 방식인가"라는 물음에 그는 "난 신문사를 경영할 줄 모른다. 내 생각대로 해봤을 뿐이다. 우린 독자에게 아무런 비밀이 없다"라고 말한다. 돈과 재산이 있으니 뭐든 할 수 있다고 생각했고, 이런 신문을 발행하는 것이 자신의 의무이자 즐거움이라고 말했다.

이렇게 노동자들의 입장을 지지하고, 자본가와 권력자들

을 고발하기를 두려워하지 않은 케인은 신문사 경영에도 혁신적이었다. "뉴스는 24시간"이라며 침구까지 들여와 하루종일 신문사에서 지내면서 판갈이를 하고, 조석간 발행을 시도했다. "우리는 가정주부의 소문 따위는 취급하지 않는다"며 실종사건을 싣지 않으려는 편집국장을 가차 없이 해고했다.

신문은 단순한 문자의 나열이 아니라면서, '인콰이어러'를 뉴욕의 불꽃만큼이나 중요한 신문으로 만들겠다며 그는 1면에 직접 쓴 '발행인의 맹서'도 실었다. 사람들이 누굴 신뢰해야 하는지 알아야 한다면서 '본인'을 주어로 작성했다. '본인은 이 신문을 통해 시민에게 진실만을 전해드리겠습니다. 결코 누구에게도 간섭받지 않겠습니다. 또 본인은 불굴의 투지로 싸울 수 있는 장을 마련하겠습니다.'

신문, 생각을 맘대로 쓰는 것이 아니다

언론의 진실 보도와 독립, 그리고 공론장의 역할. 그는 변할 수 없는 언론의 핵심 가치와 책임을 강조하고 천명했다. '인콰이어러'는 뉴욕에서 가장 많이 팔리는 신문, 그는 가장 영향력 있는 인물이 되었고, 여세를 몰아 다른 신문사와 인력들을 과감히 인수, 영입해 나갔다. 그는 뭐든 할 수 있는 사람이 되었고, 대통령의 질녀와 결혼하고, 그럼에도 불구하고 대통령을 비판하는데 주저하지 않았다. 그의 빛나는 질주는

거기까지였다.

예정된 것처럼 언론의 권력을 지렛대로 삼아 정치에 뛰어들면서, 그의 인생도 비극과 오욕으로 얼룩졌다. 싸우는 자유주의자, 근로자들의 친구를 자처하면서 빈곤과 실업을 해결하는 주지사가 되겠다고 외쳤지만 낙선했다. 나중에 두 번째 부인이 된 젊은 가수 지망생 수잔(도로시 코민고어 분)과의 불륜이 발목을 잡았고, 대공황까지 겹쳐 언론재벌로서의 화려한 시대도 막을 내리고 만다.

그의 가장 큰 장점이자 언론의 중요한 원칙인 발행인으로서 '자기 생각'도 처음과 달리 허물어졌다. 수준 미달인 아내를 성악가로 만들기 위해 순회공연을 하고, 그것을 자기 소유의 지방지 1면 톱으로 싣고, 비판적인 공연 평을 쓴 학창 시절 친구이자 신문사의 오랜 동료 르랜드(조셉 코튼 분)까지 해고하면서 외톨이가 된다. 발행인으로서 그의 오만과 독선은 "난 사람들의 생각을 쓸 수 있는 권한이 있죠. 예를 들면 신문 말이요"란 말에서 단적으로 드러난다.

진실이 아닌 자기 생각을 마음대로 쓸 수 있는 신문으로 그가 얻고자 한 것은 '사랑'이었다. 그러나 그가 원했던 사랑은 르랜드의 말처럼 다른 사람에게 사랑한다고 인식시켜 놓고 그들에게 되돌려 받기만을 바라는 사랑이었다. 그가 신문으로 과감하게 노동자들의 편에 선 것도 그들의 권리를 찾아주려는 것이 아니었다. 그들이 자신의 정의를 의지하고, 항상 자신을 사랑해 주기를 바랐을 뿐이다. 자살 소동까지 벌이고서야 그에게서 떠날 수 있었던 수잔이 "당신은 날 사랑하지 않아. 내가 당신을 사랑하길 원할 뿐!"이라고 말한 것과 비슷하다.

그의 왜곡된 인식과 감정, 태도가 어디에서 비롯된 것인지는 〈시민 케인〉도 정확히 알지 못한다. 어릴 때 받은 상처와 받지 못한 사랑 때문일 수도 있고, 노력 없이 얻은 막대한 부가 가져온 자만과 타락 때문일 수도 있다. 이유가 무엇이든 그런 그와 그의 신문이 한 여자에게는 물론 독자로부터 진정한 사랑을 받을 수 없음은 두말할 필요도 없다. 신문은 제나두 성이 아니며, 발행인은 쿠빌라이 황제가 아니다.

오손 웰즈는 케인이 어떤 삶을 살았든 그도 그저 '시민'에 불과했다는 말을 하려는 듯하다. 영화 제목도 그런 의도로 비춰진다. 케인도 "나는 과거에도 미국 시민이었고, 지금도 미국 시민이고, 앞으로도 미국 시민이다"라고 외쳤다. 과연 그럴까. 신문의 진정한 가치와 독자의 사랑이 어떤 것인지 알고 있으면서도 거대 자본을 이용해 그것을 자기만족의 수단으로 변질시킨 발행인. 그에게 '시민'은 조롱일지 모른다. 그리고 그 조롱은 지금도 유효하다.

"내일 오프닝 끝나면 사상 최악의 혹평을 쓸 거예요.
그럼 당신 공연은 막을 내리겠죠.
난 당신이 싫어요"

〈버드맨〉과 평론가 타비사 디킨슨

〈버드맨〉 한때 슈퍼히어로 영화 〈버드맨〉의 주인공으로, 할리우드 톱스타로서 명성과 인기를 누렸으나 이제는 한물간 퇴물 배우 리건 톰슨. 그가 뉴욕 브로드웨이 무대에서 레이먼드 카버의 소설이 원작인 연극 〈사랑에 대해 말할 때 우리가 이야기하는 것〉의 1인 3역(감독, 각색, 주연)을 맡아 진정한 연기자로서의 재기를 꿈꾼다. 그러나 대중의 무관심, '또 하나의 자아'인 버드맨의 환청과 유혹, 경제적 어려움, 함께 공연할 배우 마이크의 일탈 행동, 언론의 조롱과 평론가의 노골적인 무시 등 사면초가에 처한다. 그는 진정한 연기자로 날아오를 수 있을까. 2014년 작품으로 아카데미 영화제에서 4개 부문(작품상, 감독상, 각본상, 촬영상)을 수상했다. 알레한드로 곤잘레스 이냐리투 감독, 마이클 키튼, 에드워드 노튼, 엠마 스톤이 주연을 맡았다. 원제 〈Birdman〉.

문화저널리즘과 그 적들

이제 문화저널리즘은 문화생산과 소비에도 개입하고,
사람들의 문화에 대한 가치와 인식에 영향을 미치고,
문화로 사회적 담론을 만든다. 또 하나의 '권력'이 됐다

배우 리건 톰슨(마이클 키튼 분)이 연
극무대를 통해 연기자로 거듭나기 위해 넘어야 할 난관은 무
수하다. 20년 전, 슈퍼히어로 영화의 원조인 〈버드맨〉의 주
인공으로 부와 인기를 누렸지만 이제는 그를 알아주는 사람
이 거의 없다. 영화로 번 돈을 흥청망청 날려버린 파락호破落
戶, '한물간 배우' 취급이다. 심리적 압박과 상실감의 환영으
로 '또 다른 자아'인 버드맨이 걸핏하면 나타나 "우리가 있을
곳은 이 시궁창이 아니야"라고 괴롭히면 그는 발작에 가까운
반응을 한다.

어디 이뿐인가. 사고를 당한—사실은 연기를 못해 리건 톰
슨이 계획적으로 사고를 낸—배우의 대타로 자원한 꽤 인기

있는 배우 마이크(에드워드 노튼 분)는 안하무인이다. 연기 중
여배우와 실제로 섹스를 하려는 등 기행까지 일삼는다. 게다
가 무명 여배우 레슬리(나오미 왓츠 분)는 자신의 첫 무대를
앞두고 불안에 떨고, 마약중독에서 겨우 벗어나 자신의 비서
역할을 맡은 딸 샘(엠마 스톤 분)은 SNS 계정 하나 없는 구닥
다리 아버지가 연극으로 재기하려는 도전에 지극히 냉소적
이다.

어느 하나 제대로 굴러가는 것 없고, 사방에 암초투성이
다. "어쩌다 여기까지 굴러왔지. 그땐 모든 걸 가졌는데"라고
한탄해도 소용없다. 작품과 연기로 인정받은 적 없는 그가
배우로 거듭나고 싶은 이유를 영화는 첫머리에서 레이먼드
카버의 시 '레이트 프래그먼트Late Fragments'의 한 구절로 대신

한다. '당신은 그럼에도 이 삶에서 얻고자 하는 것을 얻었나요/ 네/ 그것이 무엇이었나요/ 내가 지구상에서 사랑받는 존재라고 느끼는 것'

그는 연기로 '사랑받는 존재'임을 다시 한 번 느끼고 싶었다. 삶에 진정 가치 있는 일을 이제라도 놓치기 싫었다. 모든 것이 타인의 판단 때문이 아닌 그 자체로서 빛난다는 것을 믿는다. 브로드웨이 무대에 올리려는 연극이 레이먼드 카버의 소설을 원작으로 한 〈사랑에 대해 말할 때 우리가 이야기하는 것〉인 이유이기도 하다. '버드맨'이 되기 전인 고교시절 연극 무대에 섰을 때, 레이먼드 카버로부터 받은 "진실한 연기 고맙다"는 메모를 지금도 간직하고 있다.

무식한 기자, 오만한 평론가

이런 그에게 언론은, 기자와 평론가는 어떤 존재일까. 역시 무지와 오만과 편견에 가득 찬 '적'이다. 그를 인터뷰하러 온 기자들은 무지하고, 분별력이 없으며, 천박하다. 사실확인 보도와는 거리가 멀고, 무분별한 인터넷 문화와 거짓 정보(가짜 뉴스)에 오염되어 있다.

"바르트가 말했어요. 과거 신화나 서사시에 의해 만들어진 문화가 지금은 빨래세제 광고나 만화 주인공에 의해 만들어진다고. 너무나 갑작스러운 변화입니다. 버드맨도 이카루스처럼…"

"바르트가 누구죠? 버드맨 몇 편에 나와요?"

"바르트는 프랑스 철학자였소. 역사를 조금이라도 안다면…"

인터뷰 도중 기자끼리 주고받은 대화이다. 연극 담당 기자가 꼭 바르트를 알아야 할 필요는 없다고 치자. 다음은 그 기자와 리건 톰슨의 대화이다.

"진짜 자신한테 새끼 돼지의 정액을 주사했나요?"

"뭐라구요?"

"동안 피부를 가지려구요."

"어디서 들었죠?"

"'@고환 위스퍼러'의 트위터에 올라왔어요."

"헛소문이오."

"진짜 했나요?"

"아니요."

"부정했다고 쓸게요."

"쓰지 마세요. 그걸 왜 써요."

이어 다른 기자가 "퇴물 슈퍼히어로 이미지 벗으려고 이 연극을 한다는 시각이 두려우신가요?"란 무례한 질문을 하자, 리건 톰슨은 "전혀요. 바로 그런 이유로 20년 전에 '버드맨 4편'을 거절했소"라고 잘라 말한다. 그러자 그의 말을 잘못 알아들은 동양인 기자가 뜬금없이 "버드맨 4를 찍어요?"라고 소리친 것은 그나마 참아줄 만하다. 리건 톰슨에게 사실 확인도 하지 않고 단지 인기배우란 이유로 마이크의 말만 받아써 작품의 의도나 방향을 제멋대로 주말판 1면에 실은 신문도 있다.

평론가는 어떨까. 리건은 "예술가가 되지 못해 비평가가 된 사람은 군인이 되지못한 정보원과 같다"는 프랑스 작가 플로베르의 말을 빌어 평론가에 대한 불편한 심기를 드러낸다. 속으로 어떻게 생각하든 현실과 연극판에서는 무시할 수 없는 존재임에 틀림없다. 유명 신문의 평론가일수록 거들먹거리고 대접받길 원하고, 그의 글이 관객들의 작품 평가와 흥행에 영향을 미치니까. 프리뷰 무대에서 마이크가 연극에 '진실'이라고는 없다면서 가짜 무대 소품들을 마구 내던지는 행패를 부려 공연을 엉망으로 만들자 리건이 "저 자식 공연에서 빼!"라고 흥분해도 제작자인 친구 제이크는 "오프닝 때 오는 '뉴욕타임스' 비평가만 아니면 문제가 없다"고 말한다.

그 비평가가 바로 연극을 좌지우지하고 "우릴 좋아하면 대박이고, 싫어하면 쪽박!"이 되는 타비사 디킨슨(린제이 던칸 분)이다. 오프닝 무대를 앞두고 리건이 술집에서 우연히 그를 만나 카버에게서 받은 메모를 보여준다. 그리고 둘의 대화.

"이 연극은 나의 기형적인 삶의 축소판입니다."

"관심 없어요. 당신 연극 박살낼 거니까."

"보지도 않았잖아요."

"상관없어요."

"내가 잘못한 거 있어요?"

"네, 있죠. 다른 좋은 공연이 올라갈 무대를 차지했으니까요."

"작품이 어떤지 모르잖아요."

"기사를 읽거나 프리뷰를 보지 않았지만, 내일 오프닝 끝나면 사상 최악의 혹평을 쓸 거예요. 그럼 당신 공연은 막을 내리겠죠. 난 당신이 싫어요. 당신이란 존재의 모든 것이 거만하고 이기적인 응석받이 같아요. 예술을 한다면서 배울 노력도 안 하고 준비도 안 되어 있어요. 댁들은 만화나 포르노로 상을 나눠 갖고 주말에 벌어들인 돈으로 성공을 측정하지요. 연극무대는 달라요. 당신 같은 사람이 작가, 감독, 배우인 척 꼴값 떠는 거, 난 못 봐주겠어요."

문화보도, 믿음을 주고 있나

그러자 참다못한 리건이 공연을 망칠 각오를 하고 평소 감추었던 평론가에 대한 적개심과 불만을 노골적으로 퍼붓는다. "살면서 어떤 일을 겪어야 비평가가 되죠? 지금 어떤 평을 쓰나요. 좋은 공연? 나쁜 공연? 공연을 보기는 했어요? 웃기시네." 타비사의 수첩을 집어 들고는 "어디 한번 읽어보자구요. 미숙하다. 흐리멍텅하다. 낙인찍었네. 여백에 긁적임. 무슨 헛소리인지 모르겠구만. 멋대로 낙인찍기. 자신이 너무

게으르다고 생각하지 않아요?"

내친김에 평론가들의 무책임하고 가학적인 행태에 모욕을 준다. 테이블에 있는 꽃을 들고는 "이게 뭔지 알아요? 모를 거야. 낙인을 찍지 않고는 이게 뭔지 보지 못하니까. 머릿속에 잡음을 지식이라고 착각하고. 테크닉이나 구성, 작품 의도는 없잖아. 그저 한심한 비교를 통해 한심한 의견을 나열해 놓은 거지. 이런 글 몇 줄 써봐야 당신한텐 아무 해가 안되겠지. 잃을 게 아무것도 없다고. 그런데 난 염병할 배우이고, 이 연극에 모든 걸 걸었어. 사악하고 비겁하게 쓰레기 비평을 끄적여 놓은 이 종이로 쭈글쭈글한 당신 밑이나 닦아!"라고.

리건의 말에 충격을 받았는지, 각성을 했는지 모르겠지만 영화에서는 오프닝 무대를 본 타미사가 호언장담했던 것과는 정반대로 끝난다. '예기치 않은 무지의 미덕'이란 제목으로 "리건이 미국 연극계의 동맥에서 사라져버린 피를 보여주었다"며 그가 자신도 모르게 초사실주의라는 새로운 예술분야를 개척했다고 극찬한다. 이는 어디까지나 영화에서다.

영화적 결말과는 별개로 〈버드맨〉에서 이 두 장면은 문화 저널리즘의 중요한 기능인 보도와 비평에 대한 문제점을 압축적으로 꼬집고 있다. 전문성 부족, 문화의 본질보다는 자극적이고 선정적인 루머나 스캔들에 집착하는 취재, 억지 해석, 대중문화에 대한 막연한 편견과 무시, 미디어의 영향력을 무기로 사적인 감정과 취향을 드러내는 비평, 상업주의에 빠진 보도의 심층성 부족과 특정 대상의 홍보 역할, 아니면 터무니없는 적대감 드러내기.

하나를 더한다면 〈버드맨〉에서는 언급하지 않았지만 문화 보도에까지 스며든 '정파성'이 지금 문화저널리즘의 일그러진 자화상이라고 할 수 있다. 어쩌면 나름대로 공부도 하고, 작품을 만든 사람들만큼은 아니더라도 열심히 고심하면서 문화보도와 비평을 했다고 자부하지만 어쩌면 '나의 얼굴'인지도 모른다.

이제 문화저널리즘은 단순한 '정보제공'에서 '평가'와 '문화매개'의 역할까지 확대되었다. 문화생산과 소비에도 개입하고, 사람들의 문화에 대한 가치와 인식에 영향을 미치고, 문화로 사회적 담론을 만든다. 그런 점에서 문화저널리즘은 또 하나의 '권력'이 됐다.

　그만큼 책임과 의무도 커졌으니 보다 냉철하고 섬세하고 공정하면서도 따뜻하고 깊고 신중하고 겸손해야 하지 않을까? 그래야 한물간 배우, 할리우드 광대인 '버드맨'도, 그가 처음 배우가 됐을 때의 마음을 되찾기 위해 혼신을 다한 연극도 더욱 힘차게 날아오를 수 있을 것이다.

문화저널리즘과 한국 언론

문화저널리즘은 넓게는 언론이 다루는 모든 영역이지만, 하위개념으로는 저널리즘이 보도하는 문학, 연극, 음악, 영화, 미술 등 인간의 지적, 창의적, 예술 창작활동과 그 생산물을 말한다. 문화라는 특화된 영역에서 뉴스 가치가 있다고 판단되는 사건이나 현상, 사람을 보도하는 것이라고 할 수 있다(Jaakkola).

문화저널리즘은 정치, 경제, 사회 분야와 구별되는 전문 저널리즘 영역이며, 보도 대상에 대한 심미적, 비평적 접근을 수행한다는 특성을 지닌다(김영욱). 또한 보도와 논평이라는 저널리즘의 본질을 실천함에 따라 그 사회의 문화현상과 변화를 직접적으로 반영한다(박선이). 특정한 문화적 사건, 현상, 인물 등을 기사로 선택 혹은 배제함으로써 한 사회에서 문화와 지식의 위계를 정하고 시대변화에 따라 새로운 가치관과 문화적 정통성을 재생산한다.

신문의 문화기사 유형 역시 저널리즘의 기본 분류 원칙과 크게 다르지 않다. 정치, 경제, 사회 분야와 마찬가지로 스트레이트 및 해설, 논평, 칼럼, 르포, 인터뷰·대담, 가십, 기획·연재로 구분한다(김민주). 다만 비평, 감상평이 추가된다는 것이 다른 분야와 다르다. 비평은 해당 분야에 전문적 지식이나 경력을 지닌 평론가가 자신의 주관적 해석에 입각해서 대상을 분석하고 재구성하는 형식의 기사이다. 단순히 대상의 완성도나 미학적 평가에 그치지 않고 사회적, 문화적 맥락까지 짚어준다는 점에서 독자들의 문화의식과 인식에까지 영향을 미치는 문화기사의 핵심이라고 할 수 있다. 감상평은 어떤 이벤트에 노출되고 나서 자신의 내면적인 감흥을 주관적으로 서술한 것이다.

시장경쟁 격화에 따른 대중독자를 확보하기 위한 지면 증가와 대중문화의 대폭 수용은 기사의 내용과 방향에도 영향을 미쳤다. 문화적 본질에 대한 접근보다는 오락성을 목적으로 하는 인터뷰나 가십, 해설 위주의 가벼운 읽을거리를 제공하는데 비중을 두게 되었다. 이 같은 변화는 주요 일간지의 문화면이 '연예 저널리즘'이나 과도한 상업성의 효과로부터 자유롭지 못하고, 그 결과 질적인 차별성이나 지면 변화와 관련한 숙고된 방향성을 관찰하기 어렵다는 진단도 있다(나윤정).

한국 신문의 문화보도 내용을 분석한 연구들이 공통적으로 지적하는 것은 비평의 축소와 의견과 평가 기사의 증가이다. 비평의 약화와 축소에 대한 문제의식은 문화기사가 단순한 정보 제공이나 오락의 기능을 넘어선다는 특성 때문이다. 다른 분야의 기사와 달리 신문의 문화기사의 기능적 특질은 여러 가지 사건이나 사상의 단순한 전달을 넘어 그것에 대한 심층적, 심미적, 전문적 비평에 있다. 이는 문화기사가 문화의 생산과 소비에 적극적이고 균형 잡힌 매개자로서의 역할도 하고 있기 때문이다.

문화보도에서 비평은 작품이나 인물만으로 제한되지 않는다. 김열규(1991)는 신문기사가 "시대적 통합성 및 사회적 공감의 행방을 늘 뒤쫓거나 아니면 미리 내다보는 노력을 게을리하지 말아야 하며, 다양한 사회가 빚은 복잡한 문화의 심층, 그리고 그에 대응할 미래에 늘 관심을 기울여야 한다"고 주장했다.

이를 위해서 저널리스트들이 문화비평이나 미디어비평과 같은 양식적인 활성화를 도모하면서 더욱 더 정련되고 치열한 방식의 문화담론을 생산할 필요가 있으며, 공적 함의를 갖는 문화 관련 주요 정책들에 관한 심화된 보도와 비판이 필요하며, 나아가 대안적인 삶의 모습들을 다양하고 풍부한 방식이나 접근법으로 재현하는 작업에 더 집중해야 한다(김영찬).

– 논문 〈한국신문의 영화보도 담론의 정파성에 관한 연구〉 중에서

"뭐가 진짜고 가짜인지 가려내는 것.

그건 우리 일이 아니야. 보는 이의 일이지.

그들이 진짜라고 믿으면 그게 진실인 거야"

〈특종: 량첸살인기〉와 기자 허무혁

〈특종: 량첸살인기〉 특종에 얽힌 진실과 거짓, 그것이 가져온 혼란과 비극에 관한 영화이다. 방송국 사회부 기자인 허무혁이 우연한 제보로 연쇄살인사건과 관련된 엄청난 특종을 한다. 그러나 그것은 '사실'이 아닌 소설 속의 이야기였다. 허무혁은 그 사실을 알고도 특종에 따른 보상의 유혹과 국장의 후속 보도 요구에 계속 가짜 뉴스를 만들고, 그가 보도한 내용대로 실제 살인사건이 계속 일어난다. 구성이 다소 허술하고 극단적 상황 설정에 과장이 심한 스릴러이지만, 언론의 비겁하고 비양심적인 속성을 적나라하게 꼬집는다. 노덕 감독의 2015년 작품. 조정석·이미숙·이하나 주연.

특종, 그 위험한 유혹

제보라고 모두 기사가 되는 것은 아니다.
가짜 뉴스가 있듯이 가짜 제보, 악의적 음해도 넘쳐난다.
제보의 생명은 사실 확인이다

특종은 모든 기자의 로망이다. 특별한 보상이나 평가를 바라서가 아니다. 기자로서의 자긍심이자 존재 증명이다. 기자에게 누구보다 먼저 사실, 진실을 찾아내 세상에 알리는 것보다 더 가슴 뿌듯한 일은 없다. 때문에 목숨을 걸고 현장에 뛰어들기도 하고, 법의 경계를 넘어가기도 하고, 아득하게 보이는 진실을 찾아 오랜 시간을 헤매기도 한다.

희열과 만족만큼이나 특종에는 악마의 유혹이 따른다. 그 악마는 기자의 욕망을 자극한다. 양심과 정의 대신 거짓과 과장을 선택하라고 속삭인다. "아무도 몰라. 너만 알고 있으면 돼. 세상은 네가 말한 대로 믿을 테니까 걱정 마. 너는 영웅이 되는 거야"라고 유혹한다. 욕망이 강하면 강할수록 유혹 또한 강렬하다. 그 유혹은 기자 개인을 넘어 언론 조직에까지 뻗친다. 언론 역사는 '희대의 특종'이 '희대의 오보'로 판명이 난 사례를 무수히 보여주고 있다.

노덕 감독의 〈특종: 량첸살인기〉(이하 〈특종〉)는 제목이 말해주듯, 특종과 오보에 대한 이야기이다. 진실과 거짓의 대상은 살인사건이다. 연쇄살인과 소설을 연결시키는 영화들은 많다. 대부분 범죄 심리와 추리가 목적이다. 〈특종〉도 그것에서 벗어나지는 못했지만, 그보다는 방송기자의 어이없는 오보가 몰고 온 파장과 그것을 숨기면서 혼란과 비극이 커지는 과정을 통해 언론의 세태와 속성을 두루, 적나라하게 꼬집고 싶었다. 그것을 위해 극적 구성은 물론 스릴러 장르의 생명인 치밀함조차 소홀히 하면서 상황을 극단적으로 설정하고 과장한다.

주인공인 CNBS 사회부 기자 허무혁(조정석 분)부터 그렇다. 일단 안팎에서 그를 코너로 몰아넣는다. 아내는 이혼을 결심하고 별거중이며, 그의 대기업 납품비리 보도로 광고에 타격을 받게 된 방송사는 사실상 해직이나 다름없는 장기휴직을 강요한다. 개연성은 있지만 지나친 단순화이다. 기자라면 안다. 언론에 재갈을 물렸던 과거 군사독재 시절에, 그것도 권력을 비판했다면 몰라도 보도 하나로 기자를 해고할 수는 없다. 상업주의에 빠져 언론의 사명과 자존심보다 돈이 먼저이고, 광고주의 눈치부터 봐야 하는 시대라 해도 그렇다. "기사 나갈 때 데스크가 말 없었잖아요?"라는 허무혁의 말처럼 언론 조직과 각자의 역할과 책임을 감안하면 더욱 그렇다. 사실 허무혁의 비리 보도는 벌이 아닌 상을 받아야 할 '특종'이다.

그럼에도 불구하고 지금의 언론 현실에서 이를 '완전 허구'라고 단언할 수는 없다. 같지는 않지만 비슷하게, 광고와 협찬을 잘 물고 오는 기자가 능력을 인정받는 것이 광고의 시녀가 된 지금 언론의 현실이기 때문이다. 그 구차함과 자괴감을 폭발시키기라도 하듯, 동료 기자가 소리친다. "요즘 시대 누가 광고주를 건드리냐. 광고주 똥꼬를 빨아도 시원찮은데. 누군 똥꼬 빨라고 기자하냐? 먹고 살려고 그러는 거지."

오보는 실수가 아니다

기자가 되면 자주 듣는 말이다. '특종은 제보다. 제보를 무시하지 마라.' 실제로 많은 특종들이 제보에서 나온다. 기자라고 세상 모든 일을 알 수 없고 볼 수 없기 때문에 때론 누군가로부터 정보제공이 필요하다. 사람들은 자신이 알고 있는 사실을 세상에 널리 알리는 방법으로 언론을 선택한다. 지금도 언론사에는 하루에 수십 건의 제보전화, 동영상, 문자가 온다. 방송은 뉴스 때마다 제보 안내까지 내보낸다. 제보라고 모두 기사가 되는 것은 아니다. 가짜 뉴스가 있듯이 가

짜 제보, 악의적 음해도 넘쳐난다.

제보의 생명은 사실 확인이다. 허무혁도 연쇄살인사건에 관한 제보 전화를 받았지만 확인조차 않고 지나갔다. 그러다 회사에서 쫓겨나게 되자 그것을 떠올리고는 지푸라기라도 잡는 심정으로 제보자를 찾아간다. 가짜는 절박한 사람에게 더 그럴듯해 보인다. 제보자의 말대로 이웃집 지하에 산다는 남자의 방에 몰래 들어간 허무혁은 메모와 다양한 살인도구, 피묻은 마네킹을 확인하는 순간, 그가 범인임을 확신해 버린다.

성급한 확신은 욕심을 낳고, 욕심은 판단을 흐리게 한다. '특종'의 함정이다. 이것으로 자신이 처한 모든 상황을 한방에 날려버릴 수 있다는 생각에 사로잡힐수록 그 함정은 깊다. 방에서 가져온 메모를 범인의 자필로 단정한 허무혁이

방송국으로 달려가고 보도국장(이미숙 분) 역시 시청률에 사로잡혀 '게이트 키핑' 없이 속보를 내보낼 때, 그들에게 '진실'은 더 이상 뉴스의 조건이 아니다.

그 진실은 이렇다. 허무혁이 범인이라고 단정한 남자는 추적해보니 연극 '니들이 살인을 아느냐'의 배우이다. '그 여자를 찔렀을 때 그 기분을 누가 알까. 죽기 직전 인간의 얼굴, 눈빛, 그 떨림…'이란 메모는 중국 왕시우잉의 소설로 알려진 『량첸살인기』의 한 대목이었으며, 살인도구는 무대 소품들이었다. 이 모든 것을 알게 된 순간, 기자는 어떻게 해야 할까. 허무혁은 어떤 불이익을 감수하고라도 사실대로 국장에게 털어놔야 하고, 방송은 비난을 각오하고 당사자에게는 물론 시청자들에게 사과하고 정정 보도를 해야 했다. 그것이 언론의 양심과 윤리이고, 사회적 책임이다.

그들은 그렇게 하지 않았다. 자신에게 돌아올 책임과 비난이 두려웠다. 오히려 거짓이 드러날까 두려워 제보자를 숨기고, 특종 보도를 계속하고 싶어 취재원 보호를 내세워 경찰의 정보공개 요구를 거부했다. 가짜 특종으로 얻은 승진, 보너스, 격려금을 잃어버리고 싶지 않았다. 모처럼 얻은 '시청률 대박'을 이어가고 싶었다. 이런 모습까지 언론을 잘 모르는 영화의 상투성이라고 단정할 수 있는가. 악마의 유혹은 영화에만 있는 것이 아니다. 언론에도 있다.

시청자가 진짜라고 믿으면 그게 진실?

방송은 허무혁이 연극배우의 차량을 휴대폰으로 촬영한 엉터리 동영상을 '연쇄살인 용의자 백주대낮 활보 경악'이란 제목으로 보도하고, 사람들은 그것을 진실로 믿고 놀라워한다. 그것이 가짜 뉴스인 줄도 모르고 타사 기자들은 연속 낙종에 데스크로부터 질타를 당한다.

허무혁과 방송사는 그것도 모자라 메모를 조작하고, 그 메모를 범인이 기자에게 보내는 경고 편지로 둔갑시킨다. 허무혁이 생방송으로 자수를 권유하는 연극까지 연출하면서 가짜 '이슈'를 만든다. 필적 감정 결과 메모가 가짜로 드러나고, 혈흔은 토마토케첩으로 밝혀져도 개의치 않는다. 수사의 혼선을 막으려고 방송을 제지하려는 경찰에게는 '알 권리'를 들먹이고, 가짜 제보자인 동남아 불법체류 여성의 금품 요구에 응한다.

이렇게까지 조작한 가짜 특종으로 얻으려는 것은 무엇인가? 방송사 서버가 다운될 정도로 국민의 관심과 인기를 끌면 방송의 존재감도 그만큼 커질까? 〈특종〉은 보도국장이 광고와 협찬 단가를 조율하라고 지시하는 모습을 통해 정신적 가치나 사명의식보다는 오로지 조직의 경제적 이익과 개인의 욕망에 집착한 결과라고 말한다. 진짜 그 이유만일까. 언론의 오만과 권력욕은 숨어 있지 않은 건가.

영화는 마지막에 방송의 뻔뻔한 오보를 보고, 그것을 악용

해 소설에서처럼 위장 자살로 완전범죄를 꿈꾸는 범인과 그
의 또 다른 살인은 막으려는 허무혁의 사투로 그나마 일말의
정의감을 보여준다. 그러나 그 역시 범인에게 납치된 아내를
구하기 위한 개인적 절박함일 뿐, 언론의 양심을 완전히 되
돌린 것은 아니다. 방송은 끝까지 자신의 잘못을 숨긴 채 경
찰의 오판을 약점으로 잡아 죽은 연쇄살인범을 범인에 맞서
용감히 싸운 의인으로 조작한다. 어이없게도 진짜 범인에 납
치되어 그의 이름으로 죽을 뻔한 남자의 인터뷰를 뉴스 특보
로 내보내면서 범인으로 몰아간다. 그것이 마치 진실인 것처
럼. '또 하나의 특종'인 것처럼.

마지막에 진실 보도를 요구하는 허무혁에게 끝까지 가짜 특종에 집착하는 국장은 냉소적으로 내뱉는다. "그동안 취재한 것, 다 진실이어서 보도한 거 아니야. 뉴스란 게 그런 거잖아. 뭐가 진짜고 가짜인지 가려내는 것. 그건 우리 일이 아니야. 보는 이의 일이지. 그들이 진짜라고 믿으면 그게 진실인 거야"라고. 내가 믿고 싶은 뉴스만 믿고, 믿고 싶지 않은 뉴스는 가짜라고 단정하는 세태에 대한 풍자와 거기에 영합하는 언론에 대한 비열한 변명이다.

〈특종〉은 그 책임이 누구보다 가짜를 진짜인 양 퍼뜨리는 언론에 있다고 일방적으로 몰아붙인다. 그것이 지나치게 노골적이고 작위적이어서 공감과 설득력이 떨어지는 것조차 개의치 않는다. 그러나 아무리 언론이 정파성과 상업성에 얽매여 가짜를 부추기고 동조하는 세상이라지만 책임이 그들에게만 있는 것은 아니다. 시청자와 독자에게도 있다. 그들이 악마의 유혹에 빠져 있는 언론을 제자리로 돌려놓을 수 있기 때문이다.

깨어있는 시민이라면 거짓 정보, 거짓 언론이 넘쳐날수록 무엇이 진짜이고 가짜인지, 무엇이 사실이고 의견인지 가려낼 수 있어야 한다. 〈특종〉은 그것을 무시하고 외면했다. 그렇다고 언론에 대한 질타가 따갑지 않은 것은 아니지만.

한 통의 전화가 가져온 대특종 〈제보자〉

2014년 임순례 감독의 〈제보자〉는 한 통의 제보 전화가 희대의 '특종'으로 연결될 수 있다는 사실을 보여준다. "전 아무런 증거도 없습니다. 그래도 제 말을 믿으시겠습니까?"라는 익명의 제보자의 말 한마디가 거대한 '진실 캐기'의 시작이 됐다. 등장인물의 이름은 달리했지만 당시 대한민국을 뒤흔든 황우석 박사의 '줄기세포조작' 사건, 그것을 세상에 터뜨린 MBC 〈PD수첩〉을 모티프로 만들었다.

언론은 제보자의 말을 함부로 버려서도 안 되며, 무작정 믿어서도 안 된다. 그래서 윤민철 PD(박해일 분)는 온갖 어려움을 이겨내며 줄기세포연구팀장 심민호(유연석 분)의 제보와 양심선언의 진실을 확인하러 나섰고, 진실을 향한 집념과 철저한 검증을 끝까지 포기하지 않았으며, 시청자들의 의식과 판단을 믿었다.

이를 통해 영화는 진실이 중요한지, 국익이 중요한지 묻는다. 그리고 그 답을 권력과 여론, 방송 조직의 압력에도 불구하고 '진실'을 선택한 그들에게서 찾는다. 진실과 국익은 상충되는 것이 아니라 진실이 곧 국익임을. 그리고 누구보다 언론이 그것을 잊지 말아야 한다는 사실을.

2부

유아 '언론'

"모두를 속이는 그들의 거짓말, 이제 끝내야 한다.

우리가 책임을 묻지 않으면 누가 묻겠나"

〈더 포스트〉와 발행인 캐서린

〈더 포스트〉 30년 동안 감춰온 미국의 베트남전쟁 조작 기밀문서인 '펜타곤 페이퍼'의 실체를 폭로한 '워싱턴포스트'의 용기와 집념, 사명감을 그린 영화. 실화를 바탕으로 했다. '뉴욕타임스'가 특종을 하고도 정부의 압력으로 후속 보도를 포기하자, 남편의 갑작스런 죽음으로 미국 최초 여성 발행인이 된 캐서린과 편집국장 벤, 기자들이 백악관과 법원의 회유와 협박에도 신문사와 자신들의 운명을 걸고 문서를 입수해 세상에 공개한다. 스티븐 스필버그 감독, 톰 행크스·메릴 스트립 주연의 2017년 작품. 원제 〈The Post〉.

언론은 역사의 초고다

기사의 질보다 비즈니스(광고, 협찬)가
기자의 능력과 자질을 평가하는 잣대가 되었다.
재정 악화와 비용 절감을 이유로 기자들은 혹사당하고 있다

"기사의 질과 수익은 함께 한다."

영화 〈더 포스트〉에서 캐서린(메릴 스트립)은 이렇게 말하며 신문사에 300만 달러를 투자해 취재진을 보강한다. 기자도, 편집국장도 아닌, 남편의 갑작스런 죽음으로 자리를 물려받은 '워싱턴포스트'지의 사주이자 미국 최초의 여성 발행인. 신문에 문외한인 그녀지만 이 짧은 한마디에는 소중한 신문사 경영철학이 담겨있다. 그녀는 알고 있다. 신문이 왜 존재하며 어떤 역할과 책임을 맡고 있는지, 무엇으로 승부를 해야 하는지. 그리고 이를 위해 발행인인 자신이 해야 할 역할은 무엇인지도.

사실은 지극히 당연한 그녀의 말이 새삼스럽게 다가오는

것은 지금의 언론의 현실과 환경 때문일 것이다. 스티븐 스필버그 감독이라고 이를 모를 리 없다. 원인이 어디에 있는지, 책임은 누구에게 있는지 잘 알고 있을 것이다. 언론을 다룬 이전의 수많은 영화들과 달리 〈더 포스트〉에서 발행인을 주인공으로 내세운 것도 단순히 이색적인 인물에 대한 호기심과 흥미가 아닌, 언론이 포기하고 잃어버린 가장 소중한 것들을 이야기하고 싶었기 때문일 것이다. 바로 '진실 보도'이다.

감독만이 아니다. 배우들도 영화 속의 대사가 단순한 언론인 흉내 내기가 아니라 언론의 사명과 역할을 나타낸다는 것을 너무나 잘 알고 있다. 한 매체와의 인터뷰에서 확인할 수 있다. 메릴 스트립은 "저널리즘은 진실을 이야기하는 최전선이라고 생각한다. 신뢰할 수 있는 뉴스를 전달하는 것의 중요성을 잊지 말아야 한다. 우리는 사실과 진실을 들을 권리가 있다"고 했다. 편집국장 벤 브래들리 역을 맡은 톰 행크스도 "상대가 거짓말을 하더라도 포기하지 않고 진실을 찾기 위해 끝까지 조사해야 한다는 사명감을 찾은 것"이라고 했다. 이런 감독과 배우들이 있었기에 〈더 포스트〉가 만들어질 수 있었는지 모른다.

영화가 그리는 것은 언론의 정도

'영화 속의 언론'은 언제나 두 가지 모습이다. 선과 악, 자랑스러움과 부끄러움. 〈더 포스트〉는 선과 자랑스러움을 선택했다. 어떤 압력과 위협에도 굴복하지 않고 선을 추구하고 지키려는 언론, 오로지 국민으로부터 위임받은 책무인 공공의 이익을 위해 봉사하는 언론, 그것을 위해 표현의 자유와 독립성을 끝까지 포기하지 않는 언론이다. 언론사, 나아가 세계사에 길이 남을 '특종'이란 실제 사건을 통해 우리에게 그것을 확인시켜준다. 언론 현실에 대한 따가운 질책이자, 언론의 가치에 대한 강조이다. 〈스포트라이트〉나 〈1987〉도 그렇다.

이와는 반대를 선택하는 영화도 있다. 언론 본래의 모습을 벗어난 악과 부끄러움을 적나라하게 폭로하거나 풍자한다. 권력과 자본의 하수인이 된 언론, 자신과 특정 집단의 이익을 위해 진실을 호도하고 정파적 보도에 매달리는 언론, 모두가 진실이라고 우길 때 용기 있게 홀로 일어나 '거짓'이라고 말하지 못하는 언론, 양심의 소리에 귀 기울이기보다는 흥미와 자극을 위해 사실을 왜곡하고 과장하는 언론. 이 역시 언론의 민낯이다. 〈내부자들〉에서 이강국이란 인물로 상징되는 오만하고 비뚤어진 언론인의 모습이 허구가 아니다. 어느 쪽을 선택하든 영화가 원하는 것은 같다. '언론의 정도 正度'이다.

〈더 포스트〉는 반세기 가까이 지난 '사실'의 재연으로 언론의 선을 이야기한다. 그 선을 아름다움이라고 해도 좋고, 정의라고 해도 좋다. 영화에 등장하는 신문도, 그것을 만드는 사람들도 '언론은, 언론인은 이런 것이다'의 표상이다. 그들은 최고 권력자인 대통령의 협박과 압력에도 굴하지 않고, 모든 것을 잃을 각오로 권력의 추악한 거짓을 폭로하기 위해 열정을 다했고, 신문은 긴장과 감동 넘치게 그것을 세상에 알렸다.

1971년 '뉴욕타임스'는 정부가 베트남전쟁에 대해 조작하고 진실을 은폐한 사실이 담긴 문서의 존재를 처음으로 폭로했다. '펜타곤 페이퍼'라고 불리는 7,000쪽에 달하는 이 문서에는 트루먼에서 닉슨까지 4명의 미국 대통령이 패전의 치욕을 감당하기 싫어서 제네바협정을 위반하고, 전쟁의 정당성을 합리화하면서 무고한 젊은이들을 죽음의 전장으로 내몬 추악한 행위들이 적나라하게 기록되어 있었다. 이 보고서를 만든 사람은 바로 로버트 맥나마라 전 국방장관이었다.

세계를 발칵 뒤집어 놓은, 미국의 위신을 땅에 떨어뜨릴 엄청난 문서를 가장 먼저 손에 쥔 사람은 '뉴욕타임스'의 민완기자 닐 시언이었다. 문서를 보관하고 있는 랜드연구소의 국방전문가 대니얼 엘즈버그가 몰래 복사해 놓은 것으로, 이를 보도해 세기적 '특종'을 했다. 파장은 엄청났다. 백악관의 비열한 술수에 비난의 화살이 쏟아지고, 분노한 미국 시민들은 "더러운 전쟁을 중단하라"며 시위에 나선다. 당황한 닉슨 대통령과 백악관은 심각한 안보 위협, 반역행위, 보안법 위반, 해당 행위라고 '뉴욕타임스'를 비난하고 문서 유출자 색출에 나선다. 법원은 미국 언론사상 처음으로 즉각 보도 중지 명령을 내린다.

'뉴욕타임스'의 특종에 놀란 것은 그들만이 아니었다. '물 먹는 것(낙종)'보다 더 싫고 비참한 것 없는 다른 신문들도 벼락을 맞았다. 더구나 그 특종이 모든 것을 쓸어버릴 만큼 위력을 가졌고, 앞으로도 계속 두 손 놓고 그것을 구경하고 있거나 베껴 쓸 수밖에 없다면? '워싱턴포스트' 편집국장 벤의 "법원의 보도 중지 명령에 낄 수 있다면 쓸개라도 내어주겠다"는 한탄이 결코 과장이 아니다. 당연히 자존심을 구긴 '워싱턴포스트'의 베테랑 기자 6명도 문서 입수에 총력을 쏟는다. 국방 전문기자 벤 백디키언(밥 오덴커크 분)은 옛 동료인 엘즈버그를 찾아 나서고, 편집국장 벤은 맥나마라와 친분이 있는 발행인 캐서린에게 도움을 청하지만 쉽지 않다. 엘즈버그는 자취를 감춰버렸고, 맥나마라는 캐서린에게 오히려 대통령을 도와달라고 말한다. 그러나 포기하지 않고 끈질긴 추적과 설득 끝에 엘즈버그에게서 보고서를 확보한 '워싱턴포스트'는 백악관의 압력과 법원의 명령을 무시하고, 신문사 문을 닫을 각오를 하면서 단독으로 후속 기사를 내보낸다. 그 과정이 첩보전을 방불케 한다.

'용기'도 특종이다

'특종'의 개념으로 보면 이 역사적인 사건 보도의 일등공신은 '워싱턴포스트'가 아니라 '뉴욕타임스'이다. 기밀문서의 존재를 세상에 처음 알렸을 뿐만 아니라, 다른 신문들의 후속 보도를 자극했다. 영화로 만들어진다면 주인공은 '뉴욕타임스'와 기자 닐 시언이어야 할 것이다. 그러나 스필버그 감독은 다른 선택을 했다. '워싱턴포스트'와 이 신문의 발행인 캐서린에 주목했다.

왜 그렇게 했을까. '뉴욕타임스'의 업적을 가볍게 봐서도, 특종 기자들의 존재를 무시해서도 아니다. 〈더 포스트〉 역시 특종을 위한 기자들의 신념과 노력, 활약을 결코 가볍게 다루지 않는다. '워싱턴포스트'가 비록 한발 늦긴 했지만 기밀 문서를 입수해 후속 보도를 할 수 있었던 것은 편집국장과 기자들의 열정과 신념과 끈기에 있음을 보여주고 있다.

그럼에도 불구하고 〈더 포스트〉가 처음 낙종을 한 지방지

와 그 발행인에 주목한 이유는 어쩌면 우리가 놓쳐버렸거나 포기한 언론의 또 다른 소중한 원칙, 그것을 지켜야 할 사람들에 대해 말하기 위해서가 아닐까. 영화는 가장 먼저 거짓을 폭로하고 진실을 밝히는 특종 못지않게 권력의 압력과 위협에 굴하지 않고 표현의 자유를 실천하는 '용기' 또한 빛나는 특종이라고 말한다.

법원의 결정을 받아들인 '뉴욕타임스'와 달리 '워싱턴포스트'는 어렵게 입수한 문서로 후속 보도를 하기 위해 엄청난 용기가 필요했다. 이사들과 투자자들이 반발하고, 백악관은 노골적으로 압력을 가하고, 법원은 간첩죄를 뒤집어씌울지도 모른다. 누군가의 고백처럼 미합중국 대통령에게 '싫다'고 하기란 쉽지 않다. 그러나 '워싱턴포스트'는 이 모든 위험을 감수하고 보도를 감행했다. 오로지 한 가지 신념 때문이었다. 국가의 안녕과 자유언론의 원칙을 지키는 것. 그것이 미국인의 삶에 위협이 되거나 국가에 결코 해가 되지 않기 때문이다.

〈더 포스트〉는 편집국장 벤의 입을 빌어 그것을 강조한다. "정부가 신문기사를 정해주면 워싱턴(포스트)은 사라지는 것이나 마찬가지다." "우리가 진다면 이 나라가 지고 닉슨만 승리한다." "모두를 속이는 그들의 거짓말, 이제 끝내야 한다. 우리가 책임을 묻지 않으면 누가 묻겠나?" "신문 발행의 자유를 지키는 길은 발행뿐이다." "우리만의 상황이 아니다. 모든 신문의 문제다."

이런 용기와 결단이 어찌 기자들에게만 필요한 것이겠는가. 벤의 외침은 기자만큼이나 언론자유에 중요한 역할을 하는 신문의 발행인, 흔히 사주라고 불리는 사람을 향한 것이기도 했다. 그가 마지막 게이트키퍼이기도 하기 때문이다. 〈더 포스트〉는 자신의 전 재산인 신문사를 걸고 모험을 한 캐서린의 용기와 결단을 통해 발행인의 모습이 어떠해야 하는지 보여주고자 했다.

언론은 통치자가 아닌 국민을 섬겨야

그녀도 처음에는 망설였다. 겁도 났다. 언론사 사주로서 누리고 있는 '지위와 관계'도 포기하고, 보안법 위반을 들먹이며 발행 중단 위협까지 하는 최고 권력층이 무섭기도 했다. 남편이 남겨준 신문사를 잃고 간첩죄를 뒤집어쓰고 감옥에 갈 위험에 빠지는 모험을 하기 싫었다. 그러나 고심 끝에 그녀는 이 모든 것에 맞서 문서 내용을 담은 신문을 발행하기로 최종 결정했다.

캐서린의 마음을 움직인 것은 다름 아닌 신문사 사주로서의 책무였다. 그녀는 "언론은 역사의 초고다"라고 정의했다. "항상 옳을 수는 없고, 완벽할 수 없지만 계속 써나가는 것"이라고 했다. 그녀의 말에 화답이라도 하듯 연방대법원은 '워싱턴포스트'의 손을 들어주면서 "언론은 통치자가 아닌 국민을 섬겨야 한다"는 명판결문을 남긴다.

〈더 포스트〉가 캐서린에 주목한 이유는 그녀가 오늘날의 발행인들과는 사뭇 다른 모습이기 때문이다. 편집국장이 당당하게 "논조는 내가 결정한다"고 말할 만큼 편집국의 독립성과 자유를 지켜주는 발행인, 기사의 질이 수익을 창출한다는 신념을 가지고 투자를 아끼지 않는 신문사가 요즘 잘 보이지 않는다. 대신 자기만족과 눈앞의 이익을 위해 권언유착, 과잉경쟁, 천박한 상업주의와 정파주의를 강요하고 앞세우려는 사주들이 넘쳐나고 있다.

그 결과 언론이 구차하게 권력과 자본의 눈치나 보고, 경영논리가 저널리즘의 가치를 우습게 여기고, 기자들은 사주의 입맛에 맞춰 억지 주장을 펼치거나 '앵벌이'를 위한 홍보

성 기사에 경쟁적으로 매달린 지 오래다. 기사의 질보다 비즈니스(광고, 협찬)가 기자의 능력과 자질을 평가하는 잣대가 되었다. 재정 악화와 비용 절감을 이유로 기자들은 혹사당하고 있다. 〈더 포스트〉의 캐서린 같은 양심과 용기와 철학을 가진 발행인이 그리운 이유이다.

현실적으로 불가능한 허망한 꿈이라고 말하는 사람들도 있다. 그러나 편집국의 고품질 저널리즘에 대한 신념과 가치를 회사의 영혼으로 생각하는, 공공의 선을 우선으로 생각하는 신문사도 아직 있다. 과거 신문의 잉크 냄새가 사라지고 인터넷이 종이신문을 대신한다고 기사의 품질과 가치까지 가벼워지는 것은 아니다. 그 그릇이 무엇이든 언론은 진실을 전달해야 한다. '뉴욕타임스'가 디지털콘텐츠 유료화에 성공한 것이 말해주듯 그것이야말로 언론 비즈니스의 요체이기도 하다.

아무리 시대가 변하고, 기술과 환경이 달라져도 잃어버리거나 변하지 말아야 할 것들이 있다. 50년 전이나 지금이나 권력과 자본은 여전히 오만하고 부패하므로, 언론은 그것을 감시하고 진실을 제대로 알려야 한다.

다음은 '모두가 대통령의 사람들'

진실 보도를 향한 '워싱턴포스트' 기자들의 활약은 이듬해인 1972년 닉슨 대통령의 '워터게이트' 사건으로 이어진다.

〈더 포스트〉는 마지막에 '펜타곤 페이퍼' 보도에 불같이 화를 내는 닉슨 대통령과 민주당 전국위원회 본부 건물을 보여주는 것으로 끝나면서 이 사건에도 '워싱턴포스트'가 다가가고 있음을 암시한다.

실제로 그랬다. '워싱턴포스트'의 두 기자 칼 번스타인과 밥 우드워드가 닉슨의 재선을 획책하는 비밀공작반이 민주당 전국위원회 본부에 침입하여 도청장치를 설치하려 한 것을 특종 보도했다. 이후 권력의 압력으로 두 기자는 신문사를 나와야 했지만, 닉슨도 이 사건으로 여론의 지탄을 받고 1974년 8월 하원 사법위원회의 대통령 탄핵 결의로 사임했다.

이처럼 미국 역사상 처음으로 현직 대통령을 사임하게 만든 '워터게이트' 사건의 특종기를 그린 영화가 1976년 앨런 파큘라 감독의 〈모두가 대통령의 사람들〉이다. 이 영화 역시 위험을 무릅쓰고 권력의 추악한 음모를 밝혀내는 기자의 집념과 용기를 담고 있다. 로버트 레드포드와 더스틴 호프만의 명연기가 이야기의 긴장감을 높이면서 '언론이 왜 권력의 감시자여야 하는가'를 설득력 있게 그려나간다.

"이런 걸 보도하는 게 언론입니까?"

"이런 걸 보도 안 하면 그게 언론입니까?"

〈스포트라이트〉와 탐사 취재팀

〈스포트라이트〉 미국 일간지 '보스턴글로브'의 '스포트라이트' 팀이 가톨릭 사제들의 아동 성추행을 고발한다. 언론조차도 '성역'으로 여긴 곳을 부수고 들어가는 용기, 진실 보도를 위한 끈질긴 추적, 온갖 위협과 유혹과 냉담한 반응을 뿌리치는 양심의 선택을 통해 기자가 넘어야 할 것이 무엇인지 일깨워 준다. 2003년 퓰리처상을 받은 실화를 바탕으로 했다. 톰 맥카시 감독, 마크 러팔로·레이첼 맥아담스·마이클 키튼 주연. 2016년 아카데미 작품상과 각본상을 받았다. 원제 〈Spotlight〉.

언론의 사명은 분노와 폭로가 아니다

*언론의 역할이 사회 모든 영역의 순기능을
유지하고 발전시켜 공동선을 이끄는데 있다면
종교도 대상에서 제외될 수는 없다*

봉인한 문서의 공개 요청을 위해 찾
아간 기자 마이크(마크 러팔로 분)에게 판사는 "민감한 사안"
이라며 "이런 것을 보도하는 게 언론입니까?"라고 묻는다.
가톨릭 사제들의 성추행 사건 처리 기록을 두고 한 말이다.
굳이 언론이 그것을 건드려서 여러 사람을 곤란하고 불편하
게 만들 필요가 있는가. 이런 생각 속에는 '성역'이란 의식이
존재하고 있다.

걱정 반, 불만 반인 판사의 질문 아닌 질문에 마이크는 "그
럼 이런 걸 보도 안 하면 그게 언론입니까?"라는 현답을 내
놓는다. 언론의 당연한 사명과 기자의 신념을 표현한 것이
다. 〈스포트라이트〉는 그렇게 '또 하나의 성역'을 뛰어넘으

려는 언론, 기자들의 이야기다. 그곳은 세상에서 가장 역사가 깊고, 신성불가침의 영역으로 굳게 성문을 닫고 있는 가톨릭 교단이다.

세상에는 언론이 쉽사리 접근하지 못하는 성역이 아직도 많다. 성역은 권력의 산물이다. 그곳은 폐쇄적이고 독단적이다. 그들의 힘이 강하고 클수록 누구의 감시나 간섭도 거부한다. 사람들은 그들이 가진 유·무형의 권력이 무서워서, 잘못된 경외심으로, 아니면 그 권력에 취해 감히 침범할 엄두를 내지 못한다. 그곳에서 어떤 일이 일어나든 모른 척하고, 애써 알려고도 하지 않는다. 언론도 주저한다.

성역 없는 보도. 모든 언론이 이렇게 소리친다. 그러나 이런 호언장담과 달리 그 울타리를 넘으려는 언론은 드물다. 때론 스스로 성역이 되려고 그들과 타협하기도 하고, 때론 권력에 짓눌려 성역을 외면하기 때문이다. 그 유혹과 압박, 두려움을 뿌리치고 또 하나의 성역을 넘어가기 위해서 언론은 어떻게 해야 할까. 〈스포트라이트〉는 그것을 느리지만 꼼꼼하고 차분하게 보여주고 있다. 퓰리처상까지 받은 실화이니 지나친 과장은 아닐 것이다.

'신성불가침'에 도전하다

새 편집장으로 부임한 마티 배런(리브 슈라이버 분)이 탐사취재팀 '스포트라이트'에 가톨릭 사제들의 아동 성추행 관련

취재보도를 요청한다. 이미 한 번 다룬 아이템이다. 여기에 팀장인 월터(마이클 키튼 분)와 기자인 마이크와 샤샤(레이첼 맥아담스 분) 등 팀원들이 동의한다. 그들도 안다. 얼마나 어렵고 두려운 일인지, 얼마나 많은 난관과 압력과 위험이 도사리고 있는지. 5년 전, 신부 13명의 성추행에 관한 자료를 받고 대강 처리하고 끝냈을 때 이미 경험했다.

아니나 다를까. 다시 시작하니 사방이 벽이다. 발행인은 "자네가 다치는 것을 원치 않아"라고 하고, 대교구의 바렛 신부는 "신부는 신에 대한 믿음이 중요하다"며 강한 거부감을 드러낸다. "언론이 제 기능을 하려면 독립적이어야 한다고 생각합니다"라고 말하는 마티에게 추기경은 신성불가침을 담은 교리 문답서를 선물 아닌 선물로 건넨다. 가톨릭이 인구의 절반 이상을 차지하는 사회에서 권력자가 누구인지, 무엇이 법인지를 암시하는 것이다. "보스턴의 큰 기관들은 서로 협조해야 한다. 도움이 필요하면 말하라"는 회유와 유혹도 빼놓지 않는다.

그들의 말대로 그냥 지나가면 편하다. 많은 언론들이 그렇게 하고 있으며, 스포트라이트 팀도 5년 전에는 그랬다. 기자는 안전하고, 신문사는 경제적으로 이득이 되고, 권력과 유착해 편안하게 기득권을 누릴 수 있으니까. 그러나 이번만큼은 그렇게 포기하거나 주저앉지 않고 어떤 어려움이 있더라도 성역을 깨고 안으로 들어가기로 했다. 그것이 자신들의 존재

이유이고, 진실로 향하는 길이기 때문이다. 마지못해서가 아니다. 과거에 대한 반성도 있다. 그들은 스스로에게 질문했다. 그리고 그 답을 동료들에게 들었다.

우리는 종교의 신성함을 무시하려는 것이 아니다. 오히려 사회 공동선인 그 신성함을 지켜주려는 것이다. 그것을 위해 오랫동안 존재해왔고, 지금도 존재하고 있으며, 앞으로도 존재할 추악하고 반인륜적이며 신성모독의 '악'을 고발하고 씻어내려고 한다. 언론의 역할이 사회 모든 영역의 순기능을 유지하고 발전시켜 공동선을 이끄는데 있다면 종교도 대상에서 제외될 수는 없다.

그런 점에서 스포트라이트 팀이 찾아내려는 진실이 시민들에게도 정말 '가치 있는 정보'인가. "이런 것을 보도하는 게 언론입니까?"라는 판사의 질문에서 보듯 누구에게는 아닐 수도 있다. 당사자인 교구와 성직자들이 그렇고, 그들의 '협조'에 안주하려는 사람들과 성직자라면 무조건 존경의 시선을 보내는 신자들이 그렇다. 그래서 처음부터 경영진은 내키지 않아 했고, 신부들의 입장에 선 변호사도 단호하게 협조를 거절했다. 그들은 진실을 드러내는 것보다 덮는 것이 '다수의 행복'이라고 생각한다.

피해자와 그 가족들은 어떨까. 비슷하다. 두 가지 이유에서다. 누구에게도 말하지 못하고 감추어 두었던, 돌이킬 수 없는 상처를 드러낸들 치유되기보다는 오히려 세상이 상처

에 다시 마구 소금을 뿌려댈지 모른다는 두려움 때문이다. 기자 몇 명으로 거대한 종교권력에 맞서지 못할 것이라는, 진실을 파헤친다 한들 제대로 세상에 알리지 못할 것이라는 불신 때문이다. 신부의 관심, 신의 부탁, 신의 도움이라는 이름으로 행해진 성폭력의 피해자들이 입을 닫고 숨어버린다. "저희가 이 사건을 알릴게요. 정확히 알릴게요"란 샤샤의 말을 믿으려 하지 않는 것은 어쩌면 당연한 태도인지 모른다.

그렇다고 그동안 보스턴의 언론들이 이를 몰랐을까. 마이크의 말처럼 몰라서가 아니라, 모두 알고 있으면서 모른 척, 아니면 구경만 했다. 스스로 눈을 감고 어둠속을 걸어갔다. "그래 맞아, 모두 다 알고 있어. 그런데 자넨 그동안 뭘 하고 있었나"란 책망은 다름 아닌 피해자들이 해야 할 말이다. 취

재를 시작하면서, 가해 신부를 하나하나 찾아다니면서 스포
트라이트 팀은 자신들이 끔찍한 진실의 방관자에 머문 것이
아니라, 무언의 동조자였음을 자책한다. 아동 성추행 피해자
들이 신체적 학대를 넘어 영적인 학대를 입고, 믿음까지 빼
앗긴 사실에 아파하고 분노했다.

진실은 진실로만 밝힌다

그 어둡고 끔찍한 진실에 다가가는 방법은 진실뿐이다. 그
들은 참담하고 잔혹하고 뻔뻔한 진실에 접근하기 위해 자신
들의 진실을 지키려 했다. 기자라면 알고 있고, 믿고 있다. 아
무리 피해자와 가해자가 입을 막고 있어도 진실은 숨길 수
없으며, 누군가는 용기를 내어 그 진실을 말하고 싶어 한다

는 사실을. "저는 말해야 한다고 생각해요"라는 샤샤 앞에서 고민 끝에 증언을 한 경찰처럼.

그렇게 찾아낸 진실을 언론은 언제, 어떤 모습으로 세상에 알려야 할까. 겨우 성역의 문을 열고 들어가 찾아낸 '빙산의 일각'부터 빨리 보도해야 할까. 아니면 오랜 시간이 걸리더라도 숨을 죽이고 뿌리까지 온전히 파낸 뒤에 한꺼번에 드러내보여야 할까. 속보와 특종은 참을 수 없는 유혹이고, 본능이다.

마이크는 지금까지 찾아낸 사실을 당장 내보내고 계속 취재해 후속 기사를 쓰자고 주장한다. 특종에 대한 욕심이 아니다. 자칫 머뭇거리다 진실이 왜곡될지 모른다는 걱정 때문이다. 지금도 어디에선가 몰래 저질러지는 범죄를 막자는 것이다. "그게 당신이었을 수도 있고, 나일 수도 있고, 우리 중 누구일 수도 있었어요." "이 쓰레기들을 잡아 처넣어야지. 누구도 이러고는 도망칠 수 없다는 걸 보여줘야 해요. 사제든, 추기경이든 망할 교황이든"이라는 그의 외침에는 참담함과 분노심이 스며있다.

그러나 스포트라이트 팀은 유혹과 감정을 물리쳤다. 5년 전의 실수를 되풀이하지 않기 위해서였다. 언론의 사명은 분노와 폭로가 아니다. 그것으로 성역은 절대 무너지지 않는다. 교구는 아동 성추행을 몇몇 신부들의 개인적인 일탈로 치부할 것이다. 그들의 성전은 아무 일도 없었다는 듯 다시 문을 굳게 잠글 것이다. 보스턴에는 성당을 아끼고 신부를 존경하는 사람들이 얼마나 많은데. 그들은 "썩은 과일 몇 개 있다고 궤짝을 버릴 수는 없다"고 말할 것이다. 마티의 걱정처럼 '소문만 무성하고, 현실은 그대로'가 되고 만다. 그것을 알고 있기에 월터는 작은 명예(특종)보다는 진실 전체로 현재와 미래까지 바꾸려 결심한다. "조직까지 잡자."

〈스포트라이트〉에는 극적인 반전이나 영웅주의가 없다. 현실에서 언론은 실제이고, 기자는 슈퍼히어로가 아니기 때문이다. 진실은 음습할수록 더욱 교묘히 가려져 있다. 월터의 고백처럼 이미 1970년대부터 성직자들의 성추행 사건을 알았지만, 언론과 기자들은 외면했다. 그의 설득으로 마침내 증언을 해준, 그것을 알고 있는 변호사 친구가 "자네는 왜 이렇게 오래 걸렸어"라고 힐난하듯 묻는다. 그의 대답이 솔직하다. 아니 조금은 비겁하다. "나도 모르겠어."

기자도 사람이다. 때론 만나고 싶지 않은 진실도 있고, 아무도 넘지 않은 벽 앞에서 겁을 먹고 눈을 감기도 한다. 월터처럼 왜, 이제야 진실과 마주하는지 자신도 정확히 모를 때가 있다. 그것으로 책임이 없어지지는 않는다. 아무리 힘들어도, 뒤늦게라도 세상의 아픔을 없애고, 정의를 바로 세우는 공공선을 위해서 기꺼이 나서야 한다. 때론 누군가의 상처를 들쑤셔야 하고, 모두가 꺼리는 곳에 들어가야 하고, 인간적 연민과 사적인 인간관계를 저버려야 하더라도. 그에 따른 고통과 고뇌는 스스로 짊어져야 한다.

어두운 무대를 밝히는 스포트라이트처럼 언론 역시 늘 눈을 부릅뜨고 있어야 한다. 어둠은 소리 없이 찾아오고 그 어둠을 감춘 성역은 좀처럼 스스로 문을 열지 않으니까. 그 어둠 속에서 나와 당신, 나의 아이, 당신의 아이가 신음하고 있을지 모르니까. 불행하게도 스포트라이트 팀이 보스턴 교구의 묵인 아래 수백 명의 신부들이 저지른 성범죄를 600건의 기사로 폭로하고 249명이 피해자로서 법원에 고소를 했음에도 성역 안에서는 지금도 같은 신음이 끊이질 않고 있다.

〈스포트라이트〉는 과거가 아니다. 현재이고 미래이다. 그리고 그 주인공들 또한 영원히 기자다운 기자들이다.

"이제 언론인에게 더 이상 나와 같은
신념이나 용기, 양심이 필요 없는 시대가 됐습니까?"

〈굿나잇 앤 굿럭〉의 시사 다큐의 머로와 프렌들리

〈굿나잇 앤 굿럭〉 1950년대 초반, 미국에 몰아쳤던 '매카시즘'에 정면으로 대항한 CBS 인기 시사 다큐멘터리 〈씨 잇 나우〉의 진행자 에드워드 머로와 프로듀서 프레드 프렌들리의 이야기이다. 매카시 상원의원의 무차별적 빨갱이 사냥에 미국 국민 모두 두려움과 공포에 떨때, 그들은 언론의 양심을 지키며 그 부당성을 용기 있게 고발한다. 조지 클루니가 주연(프레드 프렌들리 역)에 감독까지 맡았다. 데이비드 스트라탄이 에드워드 머로 역으로 나온다. 2005년 작품이지만 시대 배경에 맞춰 흑백으로 제작했으며, 기술발전으로 지금은 추억이 된 당시 방송의 풍경까지 엿볼 수 있다. 원제 〈Good Night, and Good Luck〉.

그래도 가야 할 길,
신념과 양심 그리고 용기

TV는 오락용이자, 세상과 격리시키는
바보상자일 뿐이라는 그의 우려는 현실이 됐다.
그 현실은 60여 년이 지난 지금도 변함이 없다

1950년 중반, 미국의 TV는 스스로
'바보상자'가 되어가고 있었다. 연예인 사생활이나 주워 담고
코미디나 늘어놓으면서 시청자들을 세상과 격리시키는 도구.
CBS도 예외는 아니었다. TV의 진정한 힘과 가치는 '진실을
전하는 것'이란 신념으로 1951년부터 매주 화요일 저녁 황금
시간대에 정치적, 사회적 이슈를 주저 없이 다룬 시사 다큐
멘터리 〈씨 잇 나우See It Now〉도 3년 만에 일요일 낮 시간으로
밀려났다. 그것도 세계 방송사에 길이 남을 무시무시한 매카
시즘의 광기를 정면으로 맞서 잠재운 직후인 1954년에.

시청률 지상주의와 상업주의에 패배하고 있는 TV를 현장
에서 지켜보면서 〈씨 잇 나우〉의 진행자이자 인기 뉴스맨인

에드워드 머로(데이비드 스트라탄 분)는 이렇게 탄식과 농담 섞인 일침을 가한다. "우리 방송이 이대로 가면 역사의 비난을 받을 것이며, 응분의 대가를 치러야 됩니다. 생각과 정보의 중요성을 간과하지 맙시다. 한두 주일 뒤면 스티브 앨런(미국의 코미디언이며 작가 겸 작곡가로 1954년 NBC TV에서 연예 대담 프로그램 〈투나잇 쇼〉를 진행)의 시간도 '미국의 중동정책 철저 분석'에 넘어가겠죠. 그런다고 광고주 기업의 이미지가 손상을 입을까요? 주주들이 불평과 분노를 토로할까요? 수백만 시청자들이 조국과 기업의 미래가 달린 주제에 관해 폭넓은 지식을 얻게 된다는 것 외에 무슨 문제가 있을까요?"

〈애드 설리번의 쇼〉가 장악한 일요일 저녁시간이 언젠가는 '미국 교육 현실진단'에도 할애되리란 한줄기 희망도 피력한다. 그러나 그의 희망과 달리 미국의 시청자들은 구석자리로 내몰린 〈씨 잇 나우〉를 점점 외면했고, 광고주와 주주들의 불평은 거세졌다. 결국 4년을 더 버티다 1958년 7월 TV에서 사라졌다. TV가 지식을 전하고, 깨달음과 영감도 선사한다는 머로의 믿음은 한여름 밤에 물거품이 됐다. "만약 그들이 옳다면 우리는 무엇을 잃어야 할까요? 대신 그들이 옳다면 TV는 오락용이자, 세상과 격리시키는 바보상자일 뿐"이라는 그의 우려는 현실이 됐다. 그 현실은 60여 년이 지난 지금도 변함이 없다. 그래서 더욱 그의 용기와 진실의 승리가 소중하고 그리운지도 모른다.

흑백필름으로 반추하는 그 시절

"굿 나잇 앤 굿 럭Good night, and good luck!"

〈씨 잇 나우〉에서 에드워드 머로의 클로징 멘트이다. 적어도 1953년 10월부터 이듬해 4월까지 매주 화요일 이 프로를 본 시청자들은 모두가 침묵할 때 용기 있게 홀로 일어나 "아니다"고 외치면서 진실을 전하는 그를 보고 '좋은 밤'과 '행운'을 느꼈을 것이다. 단 한 사람, 위스콘신 주 출신의 상원의원 조셉 매카시만 빼고.

1950년 2월 "미국 국무성에 205명의 공산주의가 있다"면서 의회에서 '반미활동특별조사위원회'를 만들고 무차별적 빨갱이 사냥을 시작한 매카시는 미국 국민들을 공포에 떨게 했다. 그 광기의 회오리가 얼마나 거세고 무서웠으며 사람들의 영혼과 공동체의식을 파괴했는지는 중세 마녀사냥의 역사까지 거슬러 올라갈 필요도 없다. 비슷한 시기와 그 이후에 우리도 겪은 일이니까.

매카시 광풍은 법도, 양심도 마비시키는 비이성과 독선의 칼과 같았다. 누구도 그 바람에 맞서 고개를 들지 못했다. 거짓이든 추측이든 말 한마디에 공산주의자가 되고, 합당한 법적 절차와 증거도 없이 연좌제까지 들고 나와 의견과 사상이 다르다는 이유로 국가의 적으로 간주해 매장시키는 세상에서 모두가 납작 엎드렸다. 하루빨리 그 미친 열기가 지나가기를 기다리면서. 신문과 방송도 침묵했다. 광풍은 좀처럼 멈출 줄 몰랐고, 공포심을 무기로 매카시는 정적과 반정부주의자들을 공격하는 칼춤을 추었다.

〈굿나잇 앤 굿럭〉은 오직 신념과 양심으로 그 골리앗 같은 괴물에 맞서 싸워 승리한 방송의 이야기다. 더 정확히 말하면 에드워드 머로와 〈씨 잇 나우〉의 프로듀서 프레드 프렌들리(조지 클루니 분), 두 방송인의 이야기다. 조지 클루니가 왜 자신의 두 번째 감독 작품으로 이를 선택하고, 직접 주연까지 맡았는지 그 이유는 정확히 알 수 없다. 추측건대 그 광풍을 피해 가지 못한 할리우드의 수많은 선배들의 상처와 눈물을 기억하고 위로하고 싶었을 것이다.

영화는 흑백필름으로 그 시대를 반추한다. 단순히 빛바랜

기억을 끄집어내 향수를 자극하고, 추모나 하자고 선택한 것
은 아닐 것이다. 영화도, TV도 흑백인 시대에 무분별한 흑백
논리가 팽배했던 세상에 지금의 색깔을 입히거나 덧칠을 하
기 싫었을지도 모른다. 그 자체가 또 다른 허구이고 선동이
될지 모르니까. 그럴 이유도, 의도도 없다. 있었던 사실을 그
대로 보여주는 것이 진실이고 역사니까. 실제 방송에서의 멘
트는 물론 프로그램 종영 후 머로가 헌정식에서 말한 'TV의
종말'에 대한 내용까지도 영화에 그대로 담고, 자료화면으로
배우가 아닌 실제 매카시를 등장시킨 것도 그런 이유이다.
　단지 아버지가 한때 공산주의 활동을 했다는 이유로 공군
중위가 전역을 당한 사건에서 시작된 매카시즘 옹호자들에
게 〈씨 잇 나우〉는 단호하게 요구한다. "아비가 반역자라고

주변에 일일이 설명해야 하나요? 자식이 아비의 죄를 대물림해서는 안 됩니다. 만약 위원회가 권하는 대로 하면 연좌제가 누구에게서 끝날지 모릅니다. 뜬소문과 유언비어로 사람을 단죄하는 것은 우리도, 여러분도, 그들도, 변호사도, 중위도 안 됩니다."

시청자들을 향해서는 이렇게 호소한다. "우리는 두려움에 떨며 살 수는 없습니다. 역사와 종교를 고찰해 보면 두려움 때문에 혼란의 시대로 빠져든 적은 없습니다. 우리는 겁쟁이 후손이 아니며, 표현하고 기록하고 동참하길 겁내는 자의 후손도 아닙니다. 억지 주장을 관철하려는 자의 후손도 아님을 명심하십시오." "우리는 세상 어디에서든 진정한 자유의 투사라고 자처합니다. 허나 집안의 자유를 팽개치고 바깥 세상의 자유를 수호할 수는 없습니다."

이어 "이 나라가 건국될 때부터 우리는 당당한 국민이었습니다. 남자건 여자건 친구건 적이건 당당하게 만날 수 있습니다. 정당한 근거도, 이유도 없이 함부로 감옥에 가두는 적들이 우월한 위치에 있더라도 결코 두려하지 않습니다. 우린 '인권보호법'을 존중합니다"라고 말한다. 영화를 위해 만든 대사가 아니라, 에드워드 머로가 실제 방송에서 한 말이다.

'빤짝이는 바보상자'가 되는 대신

그들이라고 왜 두려움이 없었겠는가. 방송을 끝내고 찾은 술집에서 흑인 재즈가수는 "내가 당신을 감시하고 있어요. 그러니 어디를 가더라도 조심하길 바라요"라고 노래한다. 방송 내용에 항의하러 온 공군 장교는 "당신들은 위험천만한 길을 가고 있다"고 경고한다. 일격을 당한 매카시는 에드워드 머로를 공산주의자로 몰며 "시저께선 뭘 드시기에 그리 훌륭하십니까"라는 말로 공격의 활시위를 당긴다. 그러니 사람들은 언제 자신들에게도 매카시즘의 마수가 뻗칠지 몰라 박수를 치지도 못한다.

방해자는 내부에도 있다. "이러다 누구 하나 쓰러지겠지. 우린 보도만 하면 돼. 인권 좀 해쳤다고 무조건 잘못인가? 직원들을 위험에 빠뜨리면 안 돼. 방송을 위해 이러는 건가?"라고 방송사 회장은 말한다. 그들도 알고 있다. 어쩌면 자신들의 싸움이 끝까지 못 갈지도 모른다는 것을. 자신을 위해서라면 이러지 말아야 한다는 것을. 그러나 또한 그들은 알고 있다. '그래도 가야할 길'이라는 것을.

에드워드 머로와 프레드 프렌들리는 공산주의자를 옹호하려는 것이 아니다. 정의를 농락하고, 인간에 대한 예의와 존엄, 헌법이 보장하는 권리를 무시하는 오만하고 일그러진 권력에 대항했다. 자신의 의견과 태도와 다르다고 공산주의자에 끼워 넣고, 조사와 박해를 혼동하는 야만적 도그마를 비판했다. 방송인으로 19년 넘게 CBS에서 일한 두 사람은 자신들의 사명감과 청렴함을 믿었다. '늘 옳거나 현명하다고 생각하지는 않지만 양심을 믿고 탐구하고 보도하려는 노력'을 게을리하지 않았다.

다른 시각에서 보면 〈굿나잇 앤 굿럭〉은 매카시즘에 관한 영화가 아니다. 신념과 양심과 용기를 잃지 않은 언론, 경쟁 신문사들까지 "매우 대담하고 신뢰할만한 영웅적 저널리즘, 성숙한 시민의식을 가늠하는 이정표"가 됐다고 극찬한 방송의 환하고 반짝이는 승리에 대한 기억이다. "이런 보도 성과가 CBS를 좌우한다고 믿어서는 안 된다"면서 돈에 눈이 멀어 〈씨 잇 나우〉를 밀어내버린 바보상자의 어둡고 우울한 과거와 현실에 대한 비판이기도 하다.

이따금 씁쓸한 표정을 감추지 않은 채, 시청률을 위해 인기 연예인의 인터뷰도 했던 에드워드 머로. 흑백 화면 속에서 그가 깊고 날카로운 눈으로 우리에게 이렇게 묻는 듯하다. "이제 언론인에게 더 이상 나와 같은 신념이나 용기, 양심이 필요 없는 시대가 됐습니까?" "TV는 지금 자기기만과 현실도피에서 빠져나왔습니까?"

답은 물론 모두 "노"이다. 그가 방송을 떠난 지 반세기도 더 지났지만 여전히 블랙리스트와 레드리스트가 만들어지고, 우리 곁에는 자신의 권력과 이익을 위해 기회만 있으면 '빨갱이'와 '친일'이라는 명목으로 언제든 마녀사냥을 하려는 집단들이 있다. 그래서 더욱 에드워드 머로가 시청자들에게 평소와 다름없이 남긴 마지막 작별인사가 예사롭게 들리지 않는다. "굿 나잇 앤 굿 럭!"

"지옥이나 다름없는 이곳이
내게는 가장 편안한 곳인지도 모른다"

〈프라이빗 워〉와 종군 기자 마리 콜빈

〈프라이빗 워〉 종군 기자 마리 콜빈의 이야기이다. 미국 예일대에서 인류학을 전공하고 1985년 영국 '선데이 타임즈' 기자가 돼 걸프전과 체첸 분쟁, 코소보, 스리랑카 내전, 리비아 내전 현장을 누비다 2012년 시리아 내전 취재 중 정부군의 포격으로 56세에 사망하기까지의 생애를 연대기식으로 담았다. 마리 브레너가 2012년 8월 '베니티 페어'에 쓴 기사 '마리 콜빈의 개인적인 전쟁'에 기초했다. 2001년 스리랑카 내전 때 수류탄 파편에 왼쪽 눈을 잃고, 극심한 공포와 악몽에 시달리면서도 전쟁의 참상을 세상에 알린 그녀의 기사처럼 영화도 다큐멘터리 같은 분위기로 현장성과 사실성을 살렸다. 국내 미개봉의 2018년 작품. 매튜 헤인먼 감독, 로자먼드 파이크 · 제이미 도넌 주연. 원제 〈A Private War〉.

그곳이 지옥이라도 간다

종군기자에게 눈앞에 보이는 것,
안전한 곳의 모습은 진실이 아니다.
한쪽 눈을 감고 보는 것이나 마찬가지다

"생각해 보면 전 충분히 신중했습니다. 분쟁지역에 가서 기사를 쓸 때 고심을 많이 합니다. 제가 관심을 가지는 만큼 다른 사람들도 관심을 가질 수 있도록. 공포를 느낀다면 절대로 그런 곳에 갈 수 없었을 겁니다. 공포는 모든 것이 끝난 후에 찾아오는 것 같습니다."

〈프라이빗 워〉의 시작과 끝에 마리 콜빈(로자먼드 파이크 분)은 이 말을 반복한다. 말대로 그녀는 과연 신중했는가. 2001년, 언제 정부군의 무자비한 공격이 시작될지 모르는 스리랑카 내전 현장에 뛰어들어 타밀 반군 지도자를 만난 것이. 2012년, 시리아 내전에서 정부군의 무차별 포격이 시작될 무렵 포위된 도시(홈스)에 들어가 그곳에 갇힌 아이들과

부녀자들을 취재하고 빠져나오다 돌아서서 다시 그곳에 간 것이. 그 두 번의 선택으로 그녀는 왼쪽 눈을 잃었고, 11년 후에는 목숨까지 잃었다.

어찌 보면 신중하기는커녕 무모하고 어리석었다. 꼭 전장에서 취재를 하다 목숨을 잃어야만 훌륭한 기자가 되는 것은 아니다. 파트너인 사진기자 폴(제이미 도넌 분)의 말처럼 굳이 그렇게 하지 않았어도 그녀는 이미 영국 언론시상식에서 '올해의 특파원' 상도 받았고, '선데이 타임즈' 역사상 '가장 많은 위성 통신비를 쓴' 살아있는 전설이자, 특종의 대명사였다. 홈스에 가지 않아도 이미 시리아 내전 현장에서 기대 이상 많은 것을 취재했다.

정말 '충분히' 신중했더라면, 남아있는 아이와 부녀자들을 버려두고 그곳에서 빠져나왔어야 했는지 모른다. 그들의 생명이 소중하지 않아서가 아니다. 누구에게나 생명의 가치와 무게는 같으며 종군기자라고 목숨을 아무렇게나 여겨도 되는 것은 아니다. 대부분의 인간은 직업을 떠나 자신의 목숨부터 지키려 한다. 마리 콜빈도 본능적으로는 그렇게 했지만, 곧 포기했음에도 스스로 신중했다고 말했다. 그 신중은 자신의 생사에 대한 판단이 아니다. 기사를 쓸 때 고심했다는 것처럼, 전쟁터에서 무엇을 보고 찾고 말해야 할 것인가에 대한 판단과 행동이었다.

인간이 만든 '지옥' 속에서

그녀가 전장에서 보고, 찾고, 말하려는 것은 방송과 신문에서 한두 마디, 한두 줄로 전하는 뉴스가 아니다. 반군들의 활약상도 아니었다. '단순히 멀리 떨어진 곳의 일', '남의 나라의 일'이라는 이유로 짧고 메마르게 전하는 '뉴스' 속에 간과되고 있는 수많은 사람들의 고통, 민간인과 아이들의 공포와 죽음. 그것을 세상에 알리는 것이었다.

왜 그녀는 목숨을 걸고 그렇게 했을까. 단지 기자라는 이유로? 아니다. 그들이 있는 곳이 바로 인간이 만든 '지옥'이었기 때문이다. 그래서 위성통신 사용으로 자신의 위치가 노출될 것을 알면서도 생중계로 2만 8,000명의 민간인들이 무방비로 추위와 배고픔, 죽음의 공포에 떨고 있는 지옥을 사람들에게 생생하게 보여주었다. 지옥에 버려진 사람들이 "어째서 우리가 버려진 거지?"라고 하는 말을 전했다. 지옥이 깊은 땅속이나 먼 하늘나라에 있는 줄 아는 사람들을 깨우쳐주기라도 하듯.

마리 콜빈도 그들이 버려진 이유를 도무지 알지 못했다. 모르는 것이 아니라 도저히 설명할 수 없었다. 모른다는 것은 그런 일이 일어나는 세상, 무자비한 권력자들의 폭력에 대한 분노와 절망의 표현이었다. 그 분노와 절망을 가슴에 담은 채 그녀는 '실제 그런 일이 일어나는 지옥' 속으로 수없이 들어갔다. 그곳에서 자신은 평생을 살아도 모를, "아이들을 아침에 다시 볼 수 있을지 모르는 상태에서 잠을 청하는 전쟁 지역 부모들의 공포"를 만났다. 자신의 기사와 영상을 통해 다른 사람들도 그들을 만나고, 그 비극에 관심을 가지도록 하기 위해.

그녀도 '얼마나 무섭든 전쟁의 고통에 대해 보도하기 위해서는 내가 죽을지 모르는 장소, 다른 사람들이 죽어나가는 장소에 발을 내디뎌야 한다'는 사실을 알고 있었다. 한쪽 눈을 잃은 후 극심한 외상 후 스트레스 장애, 죽은 소녀의 환상과 악몽에 시달려 담배와 술에 절어 지내다가도 후세인이 민간인 600명을 사살해 매장한 곳으로 달려갔다. 그곳에서 시신 발굴을 하고, 유가족들의 절규를 전했다.

종군기자에게 눈앞에 보이는 것, 안전한 곳의 모습은 진실이 아니다. 한쪽 눈을 감고 보는 것이나 마찬가지다. 그래서

"우린 가짜 전쟁을 파는 거냐?"라고 자조하는 젊은 후배에게 마리 콜빈은 마사 겔혼의 『전쟁의 민낯』이란 책을 주며 이렇게 말해준다. "정부는 전쟁이 참혹하다고 말하지 않아. 중요한 건 인명 피해야. 사람과 사람이 연결되고, 이야기를 듣고, 그 이야기를 풀어내는 것. 다른 건 잊는 거야."

'이야기'에서 마리 콜빈이 찾고자 한 것은 진실이었다. 비록 한쪽 눈을 잃었지만, 나머지 한 눈으로 참혹한 지옥과 그 속에서 죄도 없이 죽고 신음하는 사람들의 모습을 제대로 보려 했다. 그것이 부도덕하고 야만적이며 반성과 눈물과 참회가 담긴 역사의 진실이 되고, 그 진실을 이야기하지 않으면 역사는 아무런 소용이 없으며 한낱 죽은 시간에 지나지 않기 때문에. 그래서 그녀는 전쟁터에 있는 것이 끔찍하고 두렵지만 죽을 때까지 눈으로 보고 귀로 들어야만 했다. 적어도 그 순간만큼은 공포를 느끼지 못했다. 공포를 억눌러야 했다. 그녀의 말처럼 공포는 끝난 후에나 찾아왔다.

'중독된' 기자가 그리운 시대

기자가 전장에 뛰어들어, 공포와 마주하고, 그것을 알리지 않으면 어떻게 될까. 마리 콜빈은 "대중에게 진실을 숨기려는 자들에게 지는 것"이라고 했다. 전쟁을 막지 못한다는 것이다. 진실을 숨기려는 자들을 이기기 위해, 전쟁을 막기 위해 언론은, 그리고 기자는 인류애에 대한 믿음을 가지고 전쟁에 희생되는 사람들의 고통을 강력히 호소해, 그들의 이야기에 귀 기울일 수 있도록 사람들의 마음을 움직여야 한다고 했다.

〈프라이빗 워〉는 종군기자로서의 마리 콜빈의 업적을 자랑하려는 영화가 아니다. 전쟁의 참상과 그녀가 겪은 공포와 상처, 고통과 절망을 함께 드러낸다. 아무리 강철 심장과 사명감을 가진 기자라고 해도 그녀 역시 한 인간이고, 여성이었다. 어린아이들의 죽음과 그 어머니들의 절규에 눈물을 감추지 않는다. "목숨이 위태로운 전쟁터로 등을 떠밀어 놓고"는 편안히 보내주는 기사나 받아서 싣는 편집국장에게 "당신은 그런 꼴 안 봐도 되지"라고 화도 낸다.

안대를 벗고 거울에 비친 자신의 얼굴을 보며 절망도 한다. 뒤늦게 만난 남자와 달콤한 사랑의 시간을 가지는 꿈도 꾸어보지만 그녀는 결국 기자일 수밖에 없었다. 그녀의 말처럼 어쩌면 더 평범한 삶을 원했을 수도 있지만, 그게 어떤 건지 몰랐다. 그래서 "지옥이나 다름없는 이곳이 내게는 가장 편안한 곳인지도 모른다"고 했다. 그녀의 선택은 신념일까, 체질일까?

기자는 아무나 하지 못한다(요즘은 아무나 하는 것이라고 비아냥거리지만). '한 번 기자면 영원히 기자'란 말도 있다. 일종의 중독이다. 그 성분이 진실을 먼저 찾아 알리는 재미든, 세상을 지킨다는 신념이든, 권력을 감시하는 사명감이든, 하찮은 직업적 특권이든. 그래서 한쪽 눈을 잃고 나서는 정말 "그만 두겠다"는 마리 콜빈의 말에 동료들은 "종군기자 그만두면 재미있는 것 놓칠까봐 무서워서 못 살걸"이라며 그녀의 복귀를 장담했다.

전쟁터로 등을 떠민다고 욕하는 마린 콜빈에게 편집국장은 이렇게 소리친다. "제정신 박힌 사람이라면 당신처럼 못 해! 하지만 당신이 신념을 잃는다면 우린 대체 어디에 희망을 걸어야 하지?" 진실이 조각나고, 의견을 진실이라고 우기면서 서로 싸우고, 그러는 사이 희망은 점점 멀어지고 있는 세상이어서 그런지 진짜 '중독'에 빠진 기자가 그립다. 마리 콜빈 같은.

종군기자를 다룬 영화들

〈파이브 데이즈 오브 워〉(2011년)

감독: 레니 할린

주연: 루퍼트 프렌드, 엠마누엘 크리퀴,
　　　리처드 코일, 앤디 가르시아, 발 킬머

　2008년 일어난 러시아와 조지아의 전쟁을 배경으로 한 영화. 사회개혁 실패로 지지율이 하락하자 조지아의 미하일 사카슈빌리 대통령이 국면을 전환시키기 위해 영토회복이라는 명분으로 분리

독립을 요구해 온 친 러시아 성향의 자치주 남오세티야 공화국에 대한 무력 침공을 감행한다. 그러자 그곳에 평화유지군을 파견하고 있던 러시아가 자국민 보호를 구실로 즉각 대규모 군대를 파병, 전쟁이 확산된다.

　아프간 전쟁에서 사랑하는 사람을 잃은 종군기자 토마스(루퍼트 프렌드 분)도 취재를 위해 전장에 뛰어든다. 그리고 러시아군의 학살행위 등을 찍은 그의 영상이 세계에 퍼지면서 마침내 무관심하던 유럽 국가들이 개입하고 전쟁은 멈추게 된다.

〈전선으로 가는 길〉(2013년)

감독: 세바스찬 융거

　2011년 리비아 내전을 취재하다 포탄을 맞고 순직한 종군 사진기자 팀 헤더링턴의 이야기를 담은 다큐멘터리. 그와 함께 2008년 아프가니스탄 내 미군 기지를 촬영해 아카데미 영화상 다큐멘터리 부문 후보에 오른 〈레스트레포〉의 세바스찬 융거

가 그를 애도하며 만들었다. 총알이 빗발치는 전장에서 팀이 찍은 사진들이 어떤 의미를 주는지 이야기한다.

〈킬링필드〉(1984년)

감독 : 롤랑 조페
주연 : 샘 워터스톤, 행 S. 응고르, 존 말코비치

1970년대 중반 캄보디아 내전을 취재한 '뉴욕타임즈' 특파원 시드니 쉔버그의 실화를 통해 전쟁의 참상을 고발한 영화다.

당시 공산주의 정권 '크메르루주'는 공산 개혁을 주장하며 4년 동안 인구의 1/4에 달하는 200만 명을 학살했다. 시드니 쉔버그는 자신의 통역관이자 현지 기자인 디스 프란의 도움으로 위험을 무릅쓰고 이를 보도, 훗날 퓰리처상을 수상하게 된다.

'킬링필드'는 크메르루주가 민간인들을 학살하고 시신을 묻은 곳을 말한다. 존 레논이 부른 〈이매진〉이란 곡은 이 영화의 배경음악으로도 잘 알려져 있다. 1985년 아카데미 남우조연상, 편집상, 촬영상 수상작이다.

이밖에 오래된 영화로는 로저 스포티스우드 감독의 **〈언더 파이어〉**(1983), 올리버 스톤 감독의 **〈살바도르〉**(1986) 등이 있다.

'정말 죽음까지도 두려워하지 않는 용기를 가졌다면

5·18 광주의 진실은 세상에 좀 더 빨리,

제대로 알려졌을 것이다'

〈택시운전사〉와 독일 기자 위르겐 힌츠페터

1980년 5월, 광주로 간 택시운전사

〈택시운전사〉 한국 현대사의 비극으로, 아직도 논란으로 남아있는 광주민주화운동의 진실을 한 외국기자의 시선으로 담은 영화이다. 실존인물을 바탕으로 했다. 1980년 5월, 서울의 택시운전사 김만섭이 거금 10만원을 준다는 말에 독일기자 힌츠페터를 태우고 시위가 벌어진 광주에 갔다가 그와 함께 계엄군의 무자비한 폭력과 살인이 자행되는 비극의 역사현장을 목격한다. 둘은 그 참상을 외부에 알리려고 현장을 촬영한 후 목숨을 걸고 서울로 탈출을 시도한다. 이전에 1980년 광주를 다룬 영화와 달리, 광주시민이 아닌 '제3자'의 시선으로 사실을 목격, 기록함으로써 객관성과 호소력을 높였다. 장훈 감독, 송강호·토마스 크레취만 주연의 2018년 작품.

진실 보도에는 국경이 없다

그가 자원해 광주로 온 이유는
광주에서 분명 무슨 일이 벌어지고 있는데,
아무도 알지 못하기 때문에 그것을 확인하기 위해서였다

5·18광주민주화운동은 한국 현대사에서 깊고 뜨거운 사건이다. 40년이 지났지만 여전히 정치적·이념적 논쟁의 대상이 되고 있고, 아물지 않은 상처로 남아있다. 그동안 정부와 민간에 의해 '진실'이 많이 밝혀졌지만, 완전한 진상 규명의 요구가 계속되는 끝나지 않은 역사이기도 하다. 한국 민주주의의 소중한 밑거름이란 평가가 주류를 이루지만, 일부에서의 부정적 평가도 존재한다.

그런 점에서 〈택시운전사〉는 의도했든 아니든, 단순한 역사의 재현을 넘어 일정 부분 정치성·이념성을 함유할 수밖에 없다. 더구나 국정 농단 사건으로 박근혜 정권이 국민적 저항운동인 '촛불혁명'에 의해 무너지고, 세월호 침몰의 아픔이 곧 우리 모두의 현실이라고 자각하게 되었다. 국민들은 5·18 광주의 비극에도 다시 한 번 마음을 돌릴 준비가 되어 있었다. 바로 그 시점인 2018년 8월에 이 영화가 개봉한 것도 그런 의도와 무관하다고 할 수 없다. 그리고 그 의도는 사회적으로, 상업적으로 잘 맞아 떨어졌다.

〈택시운전사〉는 5·18광주민주화운동의 정신과 비극성을 드러냈다는 점에서 먼저 나온 같은 소재를 다룬 영화 〈꽃잎〉이나 〈박하사탕〉 등과 연결된다. 그러나 접근 방식에서 차별성을 가진다. 〈꽃잎〉과 〈박하사탕〉이 상처의 기억으로서 5·18 광주를 단면적으로 그렸다면, 〈택시운전사〉는 같은 직업(택시 운전)을 가진 인물을 주인공으로 설정한 2007년의 〈화려한 휴가〉와 함께 5·18 광주 현장의 생생한 재연을 통해 진실에 접근하려 했다.

그러나 이 둘 사이에도 중요한 차이점이 존재한다. 바로 영화가 가진 '시점'이다. 〈화려한 휴가〉가 광주시민인 '내부자'의 시선으로 5·18의 현장을 재연했다면, 〈택시운전사〉는 서울의 택시운전사 김만섭(송강호 분)과 독일 외신기자 위르겐 힌츠페터(토마스 크레취만 분), 즉 '외부자'의 시선을 선택했다. 그렇게 주인공의 위치를 설정함으로써 〈택시운전사〉는 두 가지 효과를 얻었다.

외부자의 눈으로 공감하는 5·18 광주

하나는 광주와 직접 관련이 없는 김만섭을 통한 감성적 효과로, 그의 의식과 태도의 변화를 통해 사건과 멀리 떨어져 있던 대다수 국민으로 하여금 역사의 현장에 깊숙이 들어가 그날의 비극에 공감하도록 만들었다. 만약 〈화려한 휴가〉처럼 광주시민의 시선을 선택했다면, 이 영화 역시 가족 비극을 중심으로 한 억울함과 분노로만 치달았을 것이다.

또 하나는 독일 기자인 힌츠페터를 통한 객관적 효과이다. 저널리스트로서 위험을 무릅쓰고, 그것도 다른 나라에서 일어난 시위 현장에 직접 뛰어들어 보고 기록한 것이기 때문에 영화가 재연한 모습들이 '진실' 또는 '사실'임을 강조했다. 당시 서슬 퍼런 신군부의 통제로 재갈이 물려 제대로 보도를 못한 국내 기자들을 대신한 그가 아니었다면 김만섭의 존재

역시 작위적으로 비춰졌을 것이다.

KBS TV에서 방영한 다큐멘터리 〈푸른 눈의 목격자〉를 바탕으로 만든 〈택시운전사〉는 이렇게 두 주인공인 '제3자'의 시선을 절묘하게 배치하고, 자연스럽게 상호 조응하게 장치했다. 그들의 뒤를 따라 관객들도 현장으로 따라가게 만들고, 한 외신기자가 목숨을 걸고 세상에 전하려 했던 것이 무엇인지 보여주었다. 〈택시운전사〉의 이 같은 선택과 흐름은 이유가 어디에 있건 아픈 역사에 거부감을 가지고 있던 사람들의 부담까지 덜어주는 기능을 했다는 분석이 나오는 것도 이런 이유일 것이다.

시인 정병기는 '영화 〈택시운전사〉에 나타난 외부자 시선과 그 변화 및 영화 밖의 공감 효과'란 글에서 "광주와는 아무런 관련이 없는 서울의 소시민 김만섭과 한국에 개인적 감정이나 이해관계가 없이 오직 객관적인 진실보도의 사명감을 가진 한 외국 저널리스트의 시선을 함께 사용한 것은 영화 〈택시운전사〉가 이야기하는 것들의 객관성과 사실성을 높여주는 뛰어난 공감 전략"이라고 분석했다. 특히 힌츠페터의 시선은 외국인이자 기자로서 중층적 외부자 조건을 가졌을 뿐 아니라, 기자라는 직업상 객관적 보도를 전제한다는 점에서 5·18 광주와 다소 거리를 둔 복합적 관객에게도 공감을 끌어낼 수 있는 여지를 높였다는 것이다.

영화에서 처음 김만섭과 힌츠페터의 시선은 너무나 다르

다. 김만섭은 하루하루 열심히 일해 가족을 먹여 살리는 전형적인 소시민이다. 그는 대학생들이 왜 시위를 하는지, 군인들이 왜 그들을 잡아가는지, 민주화가 무엇인지 관심이 없다. 오히려 시위로 거리가 막히고, 시국이 더 어수선해져 손님이 줄고 돈을 벌지 못하는 것이 불만이다. 집세도 석 달이나 밀려 있어 짜증스럽고 걱정스러울 뿐이다.

그래서 그는 시위 대학생들을 보며 화를 낸다. "이게 서울의 봄이냐! 그래 장관이다, 장관이야! 오늘은 그냥 넘어가나 했다. 데모하려고 대학 갔어?" "호강에 겨워 저러는 것들은 싸그리 잡아다가 사우디로 보내야 한다니까. 지들이 펄펄 끓는 모래사막에서 죽도록 고생을 해봐야 '아, 우리나라가 참 살기 좋은 나라구나' 하고 정신들을 차리지"라고 욕을 해댄다.

그의 이런 시선은 돈에 눈이 멀어 다른 택시기사의 손님인 독일 외신기자 힌츠페터를 가로채 광주에 가서도 한동안 이어진다. 김만섭이 본 힌츠페터는 택시비를 10만원이나 주면서 광주에 갔다 오려는 '외국인 호구'일 뿐이다. 광주에서 무슨 일이 일어나고 있는지는 관심도 없다. 그래서 광주로 가서도 강 건너 불구경하듯이 시위 모습을 지켜본다. 김만섭의 시선은 당시 광주시민을 제외한 일반 국민의 시각이자 영화를 보는 관객들의 시선을 반영한 것이기도 하다.

언론에는 '변명'이 없다

〈택시운전사〉는 그런 만섭이 객관적 진실을 담으려는 시선을 가진 힌츠페터와 함께 5·18 광주의 모습을 보게 함으로써 변화를 유도한다. 계엄군의 무자비한 폭력과 시민들의 희생과 용기를 보면서 점차 같은 시선으로 변한다. 공포와 참담함에 어찌할 바를 모르고 병원 바닥에 주저앉은 힌츠페터를 독려하면서 카메라를 들어주기도 한다. "김만섭이 금남로에 들어가서 참상을 목도하는 순간, 영화를 보는 관객이 만섭의 시선을 자신의 시선으로 느끼길 원했다"는 감독(장훈)의 의도대로 되었다.

힌츠페터의 시선은 김만섭과 달리 시종일관 객관적이고 냉정하다. 처음부터 위험을 각오하고, 신분을 속여 광주에 들어가서는 있는 그대로의 모습을 카메라에 담는다. 영화는 그의 개인적 정치 성향이나 감정에 대해서는 이야기하지 않는다. 일본 특파원인 그가 자원해 광주로 온 이유는 "광주에서 분명 무슨 일이 벌어지고 있는데, 아무도 알지 못하기 때문에 그것을 확인하기 위해서"였다.

그곳에서 그는 민주주의를 외치는 시민들이 있고, 그들을 폭력으로 짓밟으면서 이를 세상이 알지 못하게 철저히 차단하는 계엄군이 있음을 확인하고 세상에 알리려 했다. 김만섭도, 관객들도 그의 카메라의 시선을 따라가면서 지금 눈앞에 벌어지고 있는 일들을 과장이나 왜곡이 아닌 객관적 '진실'로 받아들인다. 국경을 넘어 진실을 기록해 전하는 언론인의 힘이다.

〈택시운전사〉에서 한국의 언론과 언론인들은 존재하지 않는다. 신군부의 압력에 굴복해 모두 눈을 감았다. 모든 신문이 '광주'란 단어를 지웠고, 총칼의 위협 앞에서 TV는 시위대를 폭도와 불순세력으로 몰아갔다. 이에 분노한 광주시민들은 광주 MBC에 불을 질렀다. 한국 언론사에서 가장 부끄럽고, 무기력하고, 비겁한 모습으로 남아있는 장면이다.

그래서 〈택시운전사〉를 보면서 당시 언론인 모두에게 이렇게 비난할 수 있다. "당신은 왜 힌츠페터처럼 목숨을 걸고 그날의 진실을 보도하지 않았느냐? 국내에서 불가능했다면 외국 언론에라도 알려야 하지 않았느냐?"고. 어떤 상황에서도 언론은 역사적, 사회적 책임을 다해야 한다는 점에서는 입이 열 개라 해도 할 말이 없다. 한두 명이라도 그렇게 했다면 변명할 거리라도 있겠지만.

우리 언론이 정말 죽음까지도 두려워하지 않는 용기를 가졌다면 5·18 광주의 진실은 우리 국민, 나아가 세상에 좀 더 빨리, 제대로 알려졌을 것이다. 그날의 비극도 그렇게 커지지 않았을지 모른다. 베트남 참전을 둘러싼 백악관의 비열한 행위를 고발한 영화 〈더 포스트〉에서 '워싱턴포스트' 발행인 캐서린이 말한 것처럼, 언론이 그날의 '역사의 초고'가 되어 지금까지 진실을 찾아 헤매지 않아도 되었을지 모른다.

힌츠페터는 외국 기자이고, 제3자여서 그나마 덜 위험하고, 가능한 일이었다는 말은 구차하다. 제3자로서 먼 나라의 전장에서 진실을 기록하려다 목숨을 잃은 종군기자들도 많다. 때문에 5·18 광주에서의 우리 언론에 대한 비판과 반성은 당연하다. 언론에 있어 당사자와 제3자의 구분은 의미가 없다.

다만 지금의 언론까지 마치 그렇게 할 것처럼, 나는 '아니다'라면서 타인과 역사에 마구 침을 뱉는 일은 조심스럽다. 지금의 한국 언론을 보면 누구도 장담할 수 없는 일이기 때문에.

〈택시운전사〉를 보는 한국언론의 시선

〈택시운전사〉는 소재와 내용, 제작 배경과 개봉 시점, 그리고 그때의 사회적 분위기로 인해 역사에 대한 재인식과 평가를 내포한 작품으로 볼 수 있다. 때문에 언론 역시 정치적, 이념적 시선을 가지고 작품을 해석하고 평가하면서 사회적 담론으로 발전시키려 했다.

작품의 성격상 보수보다는 진보 언론이 더 적극적이고 긍정적이었음은 두말할 필요가 없다. '한겨레' 신문만 살펴봐도 영화 속의 인물과 내용이 사실(진실)이라고 강조하면서 5·18광주민주화운동의 긍정적 의미와 가치 확산에 주력했다. 국민 모두가 〈택시운전사〉에 담긴 민주화운동의 정신과 군사독재 권력의 무자비한 폭압의 비극성을 '자기화' 해야 한다는 담론을 펼치면서 진상규명과 가해자 처벌, 5·18 정신의 계승 등 민주화에 대한 주인의식과 진보 정권의 헤게모니를 확대하려 했다.

반면 보수 언론인 '조선일보'는 부정적, 비판적이었다. 지나치게 민주화의 가치를 강조함으로써 맹목적 애국심을 주입시키려는 좌파 영화로 평가했다. 〈택시운전사〉를 정치 영화로 규정하고 영화가 보여준 역사적 비극이나 신군부 세력의 무자비한 폭력과 사실 은폐의 부당성에 대해서는 가능한 침묵했다. 대신 편 가르기를 부추기고 사회의 불신을 증폭시키려는 불순한 의도를 가진 영화라면서 진보 집단의 긍정적 담론에 맞섰다.

이런 현상은 비단 〈택시운전사〉에만 국한된 것은 아니다. 이어 나온 〈1987〉에서도 두 신문의 보도 담론은 비슷했다. 반대로 〈국제시장〉이나 〈연평해전〉의 경우 두 신문이 정반대 시선으로 영화를 평가하고 해석했다. 이는 갈수록 한국 영화가 이념성과 정치성을 상업적 흥행 전략으로 끌어들이는 것에도 원인이 있지만, 우리나라 언론의 노골적 정파성이 영화 보도에까지 확장되었음을 말해준다.

'우리가 틀렸다. 그들은 모두 제정신이 아니다.
세르비아는 제2의 베이루트가 되어가고 있다'

〈해리슨의 꽃〉과 종군 사진기자 해리슨과 카일

〈해리슨의 꽃〉 유고 내전을 취재하던 사진기자인 남편 해리슨이 폭격으로 사망한 것으로 추정된다는 소식을 전해 들은 아내 사라가 그 사실을 믿지 않고, 남편을 찾기 위해 전장에 직접 뛰어든다. 목숨을 건 아내의 용기와 사랑이 이야기의 줄기이지만, 영화는 가장 야만적이고 비인간적인 폭력의 현장을 고발하는 종군기자들의 집념과 공포, 희생을 담는다. 감독은 프랑스 출신 엘리 슈라키이고, 데이비드 스트라탄, 앤디 맥도웰, 애드리언 브로디가 주연한 2000년 작품. 산세바스티안 국제영화제에서 촬영상을 받았다. 원제 〈Les Fleurs d'Harrison〉.

진실은 카메라를 차별하지 않는다

그들의 용기와 희생을 기억하는 일이야말로

뭔가를 해야 한다는 것을 깨닫는 일이기도 하다

때론 한 장의 사진이 장황한 말이나 글보다 더 강하고 깊다. 퓰리처상 수상 축하연에서 사회자는 '1989년 천안문 광장에서 탱크를 가로막은 청년'을 찍은 사진을 가리키며 이렇게 말한다. "이 한 장의 사진은 역사적인 드라마와 동의어입니다."

그 한 장면을 위해 사진기자들은 자신의 목숨을 걸거나, '인간적 도리'인 타인의 목숨을 구하는 일까지 미루고 죽어가는 사람들 앞에서 카메라 셔터부터 누른다. 확신할 수 있는 것은 아무 것도 없지만, 적어도 종군기자는 그것이 우리 모두가 알고 기억해야 할 소중한 순간이라고 생각하기 때문이다. 그래서 〈해리슨의 꽃〉에서 퓰리처상을 받은 '뉴스위

크'의 예거 폴락(엘리어스 코티스 분)은 "사진은 우리시대 공동의 기억의 보충물"이라고 말한다.

앞서 퓰리처상을 수상한 그의 동료 해리슨 로이드(데이비드 스트라탄 분)는 그 순간을 이렇게 회상했다. "정당한 일을 하고 있다는 생각에 겁날 것이 없었으며, 위험할수록 자부심도 그만큼 더 컸다"고. 그런 그가 사진 찍는 일을 그만두려 한다. "이제는 행운의 잔고가 바닥이 났다"는 것이 이유다.

그럴지도 모른다. 전장에 뛰어들어 역사에 남을 사진 한 장을 찍는다는 것이 얼마나 큰 '행운'인가. 그 행운을 잡기 위해 얼마나 큰 용기와 사명감, 경쟁과 도전에 직면해야 하는가. 그들이라고 죽음이 두렵지 않겠는가. 〈해리슨의 꽃〉에서 누구보다 앞서 용기 있게 유고 내전에 뛰어든 사진기자

카일 모리스(애드리언 브로디 분). 그도 "무섭다. 우리 모두 무섭다. 시체들이 정말 싫다"고 했다.

그래도 그들은 멈추지 않는다. 총알이 빗발치는 곳에서 셔터를 누른다. 지구촌에서 전쟁은 좀처럼 사라지지 않고, 누군가는 그 잔혹함과 더러움, 끔찍한 야만성의 진실을 담아야 한다. 그들은 안다. 전장에는 비극의 현장을 '기억'해줄 자신을 기다리는 사람들이 늘 있다는 사실을. "그들(전쟁의 희생자들)은 우리 사진이 이 전쟁에 관해 이야기할 것이란 걸 알아요. 우리가 그것 때문에 여기 온다는 걸 알지요. 우리가 찍지 않으면 아무도 모를 거예요. 그들은 우리가 뭔가 하기를 원해요."

그 '뭔가'란 다름 아닌 전쟁의 참상을 있는 그대로 세상 사람들에게 알리는 것이다. 그것을 통해 주차딱지에 대고 노발대발하는 누군가를 깨우쳐주고, 그에게 지금 세상에는 훨씬 더 크게 분노할만한 일이 있다는 걸 보여준다. 화려한 스포트라이트를 받는 사진만 그런 것이 아니다. 그래서 카일은 안전하게 일하면서 근사한 퓰리처상이나 받고, 다른 수상자를 축하나 해주는 해리슨을 비난하고 조롱한다. 이름이 알려지지 않은 사진기자란 이유로 지금도 '뭔가'를 위해 목숨을 걸거나 잃어버린 친구들을 아무도 기억하지 않고, 그들이 찍은 사진 역시 아무도 쓸모 있다고 생각하지 않는다면서.

꼭 '뉴스위크'나 '타임'지에서 일하는 기자, 거기에 실리는 사진만이 기록으로서 가치가 있는 것인가. 아니다. 하찮은 언론의 무명 기자가 찍은 사진에도 우리가 분노하고 기억해야 할 전장의 비극과 폭력이 있다. 진실은 결코 카메라를 차별하지 않는다.

'야만의 역사'를 기록하는 사람들

카일의 말이 아프게 다가왔을까. 은퇴를 결심했던 해리슨도 '마지막'이란 전제를 달고, 아들의 생일에는 돌아온다는 약속을 하고 일주일 예정으로 유고 내전 현장으로 날아간다. 해리슨은 사람의 존재가치와 역할을 저마다 제 색깔을 피우는 꽃에 비유한다.

전쟁은 그 꽃들을 잔인하게 꺾는 짓이다. 영화 제목이 된 '해리슨의 꽃'은 유아 백혈병 치료에 도움이 된다는 일일초인 분홍 빈카이다. 그는 그 꽃을 아름다운 구원자, '뉴스위크'에서 편집기자로 일하는 동료이자 아내 사라(앤디 맥도웰 분)에 비유했다.

그 아름다운 구원자 사라가 해리슨이 유고에서 취재 도중 사망한 것으로 추정된다는 소식을 받고 전장으로 달려간다. 남편이 살아있다고 믿는 그녀는 설령 그게 아니더라도, 그곳이 지옥이라도 자신의 눈으로 남편의 죽음을 직접 확인하고 싶었다. 그런 그녀의 뒤를 따라가면서 〈해리슨의 꽃〉은 극단적 상황 속에서 피어나는 애틋하고 절절한 부부애를 그린 사

랑 영화가 된다.

　카일과 또 다른 사진기자 마크(브랜든 글리슨 분), 나중에 그들과 합류한 예거 폴락(엘리어스 코티스 분)을 따라가면 〈해리슨의 꽃〉은 유고 내전의 끔찍한 참상을 고발하기 위해 목숨을 건 종군기자들의 영화가 된다. 세상과 언론이 무관심하다고, 아니면 '뉴스위크' 편집장 샘처럼 '사소한 충돌'로 여기며 무시한다고 전쟁의 참상이 '없는 것'이 되지는 않는다. 다만 눈에 보이지만 않을 뿐.

　유고 내전도 그렇다. 미국 국민과 언론은 남의 집안싸움이고, 그것이 자신들의 안전과 이익과는 무관하다는 이유로 처음에는 무관심했다. 그러나 샘의 판단은 틀렸다. 사소한 충돌이 아닌 '추악한 전쟁'이고, 그 전쟁으로 유고는 지옥이 되어가고 있었다. 실종되기 전 해리슨도 세르비아 민병대의 무자비한 민간인 학살의 참상을 사진에 담아 보내면서 이렇게 썼다. "우리가 틀렸다. 그들은 모두 제정신이 아니다. 세르비아는 제2의 베이루트가 되어가고 있다."

〈해리슨의 꽃〉은 그의 말이 거짓이 아님을 사라와 함께 현장으로 달려가 생생하게 보여준다. 그라즈 공항에 도착해 전쟁의 중심지인 부코바로 향하던 사라는 얼마 못가 세르비아 민병대의 사격을 받고, 함께 가던 프랑스 유학생인 크로아티아 청년은 총살을 당하고, 사라 역시 강간과 처형의 위기에 처한다. 그들에게 아무리 "프레스Press"라고 소리쳐봐야 소용없다. 날아오는 것은 주먹과 총알뿐이다.

구사일생으로 살아난 사라를 만난 카일은 "당신이 있을 곳이 못돼. 당장 돌아가!"라고 소리친다. "아무도 이 나라가 어떻게 돌아가는지 몰라. 여기에는 나쁜 놈도, 착한 놈도 없다"면서.

영화는 카일과 마크가 사라의 고집을 꺾지 못해 함께 부코바로 향하는 것으로 전개되지만, 그 과정에서 내전의 참상을 카메라에 담는 일을 중단하지 않는다. 세르비아 민병대는 지나가는 버스에 탄 승객을 모두 학살하고, 아이들을 건물에 몰아넣고는 수류탄을 터뜨리고, 강간한 여자에게 "난 세르비아인의 아이를 가졌어요"라고 쓴 종이를 목에 걸게 한다. 그 지옥의 땅에서 그들 역시 카일의 말처럼 "죽음을 지고 간다."

종군기자, 그들이 치르는 '또 하나의 전쟁'

길에 널린 시체들, 군인들의 무자비한 민간인 학살을 목격한 예거 폴락도 이렇게 탄식했다. "그들은 반쯤 취했고, 흥분했고, 미쳤다. 이건 전쟁이 아니다. 학살이다. 그들이 '인종청소'라고 부른 걸 우리는 봤다"고. 부코바에서 총, 칼, 톱니에 의해 목이 갈가리 찢긴 아이들을 보면서 그는 "여기서 뭘 하고 있지? 우리가 미치기라도 한 것일까?"라고 자문한다.

미치지 않고는 있을 수 없는 곳. 죽음의 악취가 견딜 수 없어 마크는 급기야 거리로 뛰쳐나오고, 그런 그를 말리려다 카일은 총에 맞아 죽고, 그의 시신을 버려두고 부코바 병원으로 달려간 사라는 폭탄 폭발로 정신착란 증세를 보이는 남편 해리슨을 만난다. 뉴욕의 집으로 돌아온 해리슨은 침묵에 빠진다. 정작 그의 사진이 담고 있는 그 지옥의 현장과 시간들을 그는 기억에서 지워버렸다. 그렇게 하지 않았다면 미쳐버렸을지도 모른다.

해리슨처럼 우리도 침묵과 망각으로 가장 비인간적인 폭력, 잔인한 살인을 피해버린다. 카일이 전장에서 저녁마다 수면제를 먹으면서 끝까지 손에서 놓지 않았던 카메라와 그의 죽음을 오래 기억하려 하지 않으려 한다. 어디 카일뿐이랴. 1991년에서 1995년까지 옛 유고에서 전쟁의 참상을 세상에 전하려다 살해된 48명의 저널리스트들도 마찬가지다. 〈해리슨의 꽃〉은 한 번쯤, 아니면 한 번 더 그들을 기억하자는 영화이다.

그들의 용기와 희생을 기억하는 일이야말로 전쟁을 없애기 위해 '뭔가'를 해야 한다는 것을 깨닫는 일이기도 하다. TV 황금시간대 뉴스, 신문 1면에 나오는 커다란 전쟁만이 아니다. 샘이 말한 누구도 관심 없고, 뉴스조차 외면한 '사소한 충돌'에도 인간의 존엄성을 말살하는 잔혹한 살상과 무자비한 폭력은 늘 존재하기 때문이다.

전쟁은 크고 작음으로 선악의 기준이 될 수 없다. 승패가 정의와 불의의 기준도 아니다. 어떤 명분으로도 무고한 인간의 생명을 앗아가는 전쟁은 정당화될 수 없으며, 인류에게는 비극일 뿐이라는 사실을 한 장의 사진, 한 컷의 영상으로 생생하게 고발하기 위해 종군기자들은 오늘도 목숨을 걸고 세계 곳곳의 전장을 누빈다. 그들이야말로 총칼이 아닌 양심과 카메라로 인류 공동의 선을 위해 '또 하나의 전쟁'을 치르고 있는지 모른다.

사진기자의 선택과 고뇌, 〈뱅뱅클럽〉

1994년 퓰리처상 사진 부문 수상자인 케빈 카터. 그가 찍은 '아프리카 남부 수단에서 굶주림에 지쳐 쓰러진 소녀 뒤에 마치 죽기를 기다리고 있는 듯한 독수리' 사진이 '뉴욕타임스'에 실리자 수단의 기아 참상이 세상에 알려지고 구호의 손길이 이어졌다. 그러나 케빈 카터는 "사진을 찍기보다는 소녀를 구했어야 한다"는 비난 여론에 시달린다. 그는 사진을 찍고 나서 독수리를 쫓아냈다고 주장했지만 소용없었다. 그 충격으로 그는 퓰리처상을 받은 지 3개월 만에 스스로 목숨을 끊었다.

스티븐 실버 감독의 〈뱅뱅클럽〉(2012년)은 케빈 카터(테일러 키취 분)와 켄 우스터브룩, 그렉 마리노비치, 주앙 실바 등 1990년대 초반 목숨을 걸고 아프리카 내전 현장에 뛰어든 4명의 실존 포토저널리스트들의 이야기이다.

넬슨 만델라가 1994년 남아공 대통령에 당선되기 전 '아파르트헤이트'라는 인종차별정책으로 벌어진 내전에서 이들은 종군 사진기자로 활약한다. 켄과 케빈, 주앙은 전장에서 잔뼈가 굵은 베테랑들이다. 그렉(라이언 필립 분)은 신출내기이지만 겁 없이 현장에 들어가 줄루족이 만델라 지지자들을 잔인하게 살해하는 장면을 찍어 뱅뱅클럽의 새 멤버가 된다. 그리고는 또 한 번 목숨 걸고 '살아 있는 사내의 몸에 불을 붙이고 흉기로 난도질한 ANC 추종자들'의 모습을 찍어 세계 언론의 1면을 장식하고 퓰리처상까지 받는다.

〈뱅뱅클럽〉은 종군 사진기자, 포토저널리즘이 숙명적으로 만나는 선택의 딜레마에 대해 묻는다. 언론인으로서 전쟁의 참혹함과 비인간적 모습을 제3자의 시선으로 담아 세상에 알리는 것과 한 인간으로서 눈앞의 죽음을 먼저 막는 것. 어느 것이 먼저인가? 영화는 결론을 말하지 않는다. 목숨을 걸고 전장을 누비는 그들의 고통과 공포와 고뇌에 누가 섣불리 답을 내릴 수 있을까.

"나도 거짓말쟁이입니다"

"인생이란 늘 좋은 일만 있는 게 아니잖아요"

〈로마의 휴일〉과 기자 조 브래들리

〈로마의 휴일〉 벨기에 출신의 오드리 헵번(1929~1993)을 '세기의 요정'으로 만들어준 영화. 아름다운 외모, 상큼한 연기, 깜찍한 헤어스타일과 의상은 아직도 세계 영화 팬들의 가슴을 설레게 한다. 장편 데뷔작인 이 영화로 그녀는 25세에 아카데미 여우주연상까지 받았다. 엄격한 왕실 생활을 견디지 못해 유럽 순방 중 몰래 로마 거리로 뛰쳐나온 앤 공주와 특종 욕심을 가진 신문기자 조(그레고리 펙)가 우연히 만나 서로 신분을 감추고 하루 동안 함께한 유쾌하고, 아름답고, 순수하고, 애틋한 사랑과 이별 이야기이다. 1953년 흑백영화로 윌리엄 와이어가 감독했다. 원제 〈Roman Holiday〉.

때론 '기자'가 아니어도 좋다

기자는 야비한 특종보다 때론 인간적인 관계,
양심과 선한 본성을 버리지 않는 것이 더 소중하다

〈로마의 휴일〉 하면 가장 먼저 떠오
르는 것이 오드리 헵번이다. 당연하다. 그녀는 이 영화로 '세
기의 요정'이 됐고, 세계 영화 팬들의 가슴을 뛰게 했으며, 그
설렘은 영원하다. 인형처럼 깜찍하고 매혹적인 외모, 발랄한
연기, 개성 넘치는 스타일의 그녀가 없었다면 이 영화도 벌
써 잊혔을지 모른다. 70년이 다 되어가는 낡은 흑백필름에,
배우들도 이미 세상을 떠났지만 그 이야기와 장면은 여전히
즐겁고 애잔하며, 깜찍하고 아름답다.

여주인공이 이러니 솔직히 다른 인물들은 눈에 잘 들어오
지 않는다. 남자 주인공인 조 브래들리(그레고리 펙 분)까지도
그저 그녀의 매력을 받쳐주는 조연쯤으로 보인다. 그의 직업

이 신문기자란 사실보다는 그가 가진 '신사'적 이미지가 훨씬 더 강하게 다가온다. 그 이미지 덕분에 아름답고 순수한 공주의 일탈과 해프닝은 더욱 즐겁고 아름답게, 이야기는 더욱 사랑스럽고 따뜻하게 다가온다. 〈로마의 휴일〉이 바란 것이기도 하다. 이야기의 중심이 신문기자의 삶이나 세계가 아닌 공주의 삶과 마음에 있었으니까.

때문에 〈로마의 휴일〉은 신문기자인 조에게 치밀하게 다가가지 않는다. 현실과 조금 동떨어진 모습이다. '아메리칸 뉴스' 로마 지국에서 일하는 그는 특종이나 큰 기사를 물어와야 돈을 받는데, 실상은 그렇지 못한 물러터진 기자다. 집세가 세 달치나 밀렸고, 혼자 산다. 어느 날 '공주'란 특종거리가 넝쿨째 굴러 들어왔지만 취재비가 없어 쩔쩔맨다.

기자로서 관찰력이나 직업의식도 부족해 보인다. 설마 공주가 평상복 차림으로 숙소를 탈출해 거리에서 잠을 자고 있으리라고는 상상할 수 없었겠지만, 공주가 자신의 방에서 하룻밤을 자면서 보인 행동과 말투와 얼굴을 세심하게 관찰했다면 그녀의 신분을 짐작할 수 있었을 텐데 전혀 눈치 채지 못했다. 그가 함께 취재를 하자고 제안한 'CR'지의 사진기자 어빙(에디 알버트 분)은 머리를 짧게 잘라 분위기가 달라진 그녀를 보자마자 "그 머리만 아니라면…"이라고 했는데 말이다.

게다가 자고 있는 공주를 방에 두고 사무실로 지각 출근하면서 조간신문조차
보지 않아 공주의 공
식 일정이 취소된 줄
도 모르고 인터뷰를
하고 왔다는 한심한
거짓말을 한다. 그러
니 신문에 난 사진을
보고서야 그녀가 공
주임을 알고 5,000달
러짜리 '특종'을 욕심
내는 그가 사진기자 어빙을 끌어들인다고 해서 제대로 성공
할 수 있었으랴.

기자보다는 신사

당연히 아니다. 그렇게 되어서도 안 된다. 오로지 특종 욕
심에 끝까지 자신의 신분을 철저히 속이고 공주의 하루를 취
재하고 사진에 담아 기사로 팔았다면, 그날을 '로마의 휴일'
이라고 말할 수 없다. 주인공도 공주가 아닌 조이고, 스토리
는 날카롭고 차가웠을 것이다. 이는 〈로마의 휴일〉이 원하는
것이 아니다. 그래서 조는 기자보다 신사가 된다. 영화를 위
해, 공주의 순수하고 아름다운 하루를 위해, 짧은 시간이지만
둘의 순수한 사랑을 위해.

처음에 조는 세상 물정을 전혀 모르는 공주를 속인다. 자신을 비료와 화학약품 회사의 세일즈맨이라 소개하고, 공주와 스쿠터를 타고 시내를 마구 휘젓다가 경찰에 연행되자 "교회에서 결혼식을 올리기 위해 가는 길"이라고 거짓말을 한다. 경찰에 말한 것을 들은 공주가 '아메리칸 뉴스'가 무슨 뜻이냐고 묻자 거짓말로 둘러댄다. 어빙은 카메라가 장착된 라이터로 담배에 불을 붙이는 척하면서 공주의 모습을 몰래 찍는다.

조와 어빙의 행동은 언론인의 윤리를 벗어난 것이다. 기자는 취재할 때 자신의 신분을 속여서는 안 되며, 취재원의 허락을 얻어야 하고, 취재 목적을 분명히 밝혀야 한다. 만약 그들이 기자라는 사실을 공주가 알았다면 함께 로마 거리를 돌아다녔을까. 선상 파티에서 경호원들이 다가오는 것을 뿌리치고 조를 따라 강으로 뛰어들었을까. 조에게 키스를 하고, 헤어지면서 눈물을 글썽였을까.

물론 공주도 거짓말을 했다. 자신의 이름이 애니이고 학교 기숙사에서 탈출했다고 말한다. 그녀는 조가 속아 넘어갔다고 생각하지만 그녀의 거짓말은 처음부터 거짓말이 아닌 것이 됐다. 조는 그녀가 누구인지 알고 있었으니까. 하지만 공주가 '진실의 입'에 손 넣기를 거부하고, 조가 일부러 손을 물린 척하며 비명을 질러 공주를 놀라게 한 것이야말로 서로가 거짓에서 진실로 돌아가려는 신호였다.

'사랑의 특종'은 믿음에서 나온다

"왜 내가 좋아하는 것만 해주죠?" "해야 할 것만 같아서."

왜 '해야만'이 아니고 '해야 할 것만 같아서'일까. 어떤 목적을 가지고 있어서가 아니라, 자신이 마음의 움직임을 따라가고 있음을 조도 느끼고 있기 때문이다. 진심은 따라갈 수밖에 없다. 그래서 "당신은 매우 친절한 사람이에요. 아니면 너무 이타적인 사람이죠"라는 공주의 말은 진심이다. 그것을 믿었기에 그녀는 조에게 기꺼이 키스를 했고, 그 키스를 받아들이면서 조의 의도된 행동도 사랑으로 바뀐다. 그 사랑이 결코 이뤄질 수 없다는 것을 알면서도.

조는 기자로서의 욕심을 버린다. 공주가 아픈 게 아니라 시내에 있다는 소문을 들먹이는 국장에게 "무슨 기자가 그런 소문을 믿어요? 노 스토리, 기사는 없어요"라고 자르고, 그동안 찍은 사진을 공개하려는 어빙을 막는다. 그녀가 공주이기 때문만은 아니다. 야비한 특종보다 인간적인 관계, 양심과 선한 본성을 버리지 않는 것이 더 소중하기 때문이다.

〈로마의 휴일〉의 끝은 아름다우면서도 쓸쓸하다. 서로 진실을 알고 있으니 굳이 말할 필요도 없다. "하고 싶은 말이 있다"는 조에게 공주는 "아무 말 말라"고 한다. 공주는 숙소로 돌아가면서 작별인사를 어떻게 해야 할지 몰라 그냥 조에게 얼굴을 묻고, "저 코너를 돌아가면 돌아보지 말고 그냥 떠나라"고 말한다.

그리고 마지막으로 다시 만난 공식 기자회견에서 둘은 인간관계에서 '믿음'의 소중함을 눈빛으로 다시 한 번 확인한다. 그 믿음을 준 로마에서의 하루를 가슴으로 간직한다. 사진기자 어빙도 그런 조의 선택에 동의한다. 어떻게 사진을 몰래 찍었는지 라이터 카메라로 보여주고는 공주에게 "로마를 방문하신 기념사진을 드리겠다"며 사진이 담긴 봉투를 건넨다. 공주의 영원히 잊지 못할 기억을 위해.

조의 특종은 이렇게 무위로 끝났다. 공주와의 꿈같은 시간과 사랑은 아무도 모르는 둘만의 추억이 됐다. 오직 그뿐, 손엔 아무 것도 없다. 빈손을 바지 주머니에 꽂은 채 공주가 떠나고 텅 빈 기자회견장을 돌아보며 쓸쓸히 혼자 걸어 나오는 조. 그러면 어떤가. 가슴에 평생 잊을 수 없는 '사랑의 특종'을 담았는데.

"젊은 인터넷 기자들은 적은 월급 받고 시키는 일 다 해!"
"신문의 자존심? 멍청한 짓이지. 문제는 신문사가
망하게 생겼다는 거야. 기사는 품격보다 판매 부수야"

〈스테이트 오브 플레이〉와 사건기자 스티븐

〈스테이트 오브 플레이〉 살인사건을 추적하는 스릴러이지만 초점은 신문의 존재 가치에 맞추고 있다. 지나친 상업주의와 권언유착, 인터넷 매체의 범람 속에서 신문이 사회정의와 진실을 추구하기 위해 무엇을 해야 하는지를, 언론윤리와 양심에 대한 갈등 속에서 한 베테랑 기자의 고민과 용기 있는 선택을 통해 보여준다. 종이신문이 죽어가는 세상이라고 하지만, 여전히 언론의 전통적 가치를 버리지 않고 자신의 역할과 책임을 다하려는 기자들이 있기에 세상은 깨어있고, 조금씩 따뜻하고 깨끗해진다는 것이다. 케빈 맥도널드 감독의 2009년 영화. 러셀 크로우·레이첼 맥아덤즈·벤 애플렉이 주연을 맡았다. 원제 〈State of Play〉.

독자는 진실한 '기사'와 '쓰레기'를 구분한다

기자는 모르는 것을 아는 척 해서도,
알고 있는 것을 모른 척 해서도 안 된다

신문의 가장 큰 목적은 뉴스를 전하는 것이다. 그 안에는 권력을 감시하고, 진실을 추구하고, 국민을 위한다는 목적이 있다. 어느 한쪽을 편 들어서도 안 되며, 정의를 지키고 진실을 밝히기 위해서는 어떤 압력이나 폭력에 굴복해서도 안 된다. 자신의 이익을 위해서 불의와 타협하거나, 사실을 왜곡하거나 감추어서는 안 되는 '불편부당'을 지켜야 한다.

건강한 언론은 국가와 권력에도 필요하다. 미국의 월터 리프먼은 "보도의 자유는 어떤 특권이 아니라, 위대한 사회의 기본적인 요소이다. 비판도 듣지 못하고, 믿을 만한 보도도 없다면, 정부는 통치를 할 수가 없다. 국민이 무엇을 생각하

고 무엇을 하고 있으며 무엇을 원하는지 사정을 파악할 적절한 방법을 갖지 못하기 때문"이라고 했다.

두 기자가 있다. 한 명은 미국 일간지 '워싱턴 글로브'에서 사건 취재 20년 경력의 베테랑 기자 칼(러셀 크로우 분)이다. 그는 아날로그 취향이다. 과학적이지도 빠르지도 않다. '진실은 현장에 있다'는 신념의 소유자로 낡은 자동차를 타고 사건 현장에 달려가고, 수첩과 펜을 들고 경찰들에게 이것저것 물어보고, 목격자를 찾아다닌다. 그렇게 해서 알게 된 사실들을 신문에 쓴다. 그의 행동과 모습은 자신의 자동차만큼이나 디지털 세상과 어울리지 않아 보인다.

같은 신문사 소속이지만, 인터넷뉴스를 담당하는 신참 기자 델라(레이첼 맥아덤즈 분)는 정반대다. 그녀는 사건의 진실이나 그 뒤에 숨은 의문에는 관심이 없다. 현장도 중요하지 않다. 그보다는 인터넷에 돌아다니는 정보를 검색해 대중들이 흥미를 느낄 스캔들이나 가십을 찾아 빨리 띄우려 안달이다. 클릭 수가 곧 기사의 성공 여부라고 생각하며, 신세대다운 당당함에 세련된 외모와 젊음까지 갖추고 있다.

애초 둘의 결합은 불가능하다. 선배의 말이 곧 법이던 시절 같으면 몰라도. 이를 잘 아는 둘은 서로를 무시한다. 칼은 델라를 "블로그에 허접한 쓰레기 기사나 쓰는 인간", "블로그 흡혈귀"라고 경멸한다. 델라 역시 덥수룩한 머리로 현장이나 어슬렁거리는 칼을 시대에 뒤떨어진, 세상이 언론에 무엇을 원하는지 모르는 구닥다리라고 무시한다.

〈스테이트 오브 플레이〉는 두 기자를 총격 살인 사건의 진실을 캐는 일에 함께 투입시켰다. 당연히 그 과정이 순탄할 리 없다. 바라보는 것, 중요하다고 생각하는 것이 다르니, 당연히 찾는 것과 쓰고 싶은 것도 다르다. 그럼에도 불구하고 영화가 굳이 이런 상황을 만든 목적은 결코 긍정적이지만은 않은 환경 변화 속에서도 변할 수 없는 언론의 진정한 사명과 가치를 보여주기 위해서다. 포기할 수 없고, 포기해서도 안 되는 언론의 사명은 권력에 대한 감시와 국민에게 진실을 알리는 것이다.

"기사는 품격보다 판매 부수야"

그들 앞에는 수많은 난관이 기다리고 있다. 그것이 없다면 군이 이렇게 영화로 만들 이유도 없다. 가치관이 다르고, 세대가 다른 두 기자의 갈등은 반복될 수밖에 없고, 예나 지금이나 거짓을 걷어내고 진실에 접근하는 일은 쉽지 않다. 권력의 부패는 은밀하고 음습하며, 언론 역시 공익보다는 사익을 추구하는 자본과 경영논리에 빠진지 오래니까.

'워싱턴 글로브'의 새 경영자에게도 신문사는 사회적 특권인 '보이지 않는 이익'과 신문이라는 상품을 팔아 돈을 버는 '보이는 이익'을 동시에 챙겨야 하는 기업이다. 편집국장도 자신의 자리를 지키기 위해 그것에 기꺼이 동의한다. 그는 추측성 속보와 선정적이고 자극적인 기사를 거부하고 진실만을 쓰겠다고 고집하는 칼에게 소리친다. "젊은 인터넷 기자들은 적은 월급 받고 시키는 일 다 해!" "신문의 자존심? 멍청한 짓이지. 문제는 신문사가 망하게 생겼다는 거야. 기사는 품격보다 판매 부수야."

이보다 더 자기 얼굴에 침을 뱉는, 지금의 언론 현실을 적나라하게 보여주는 말이 있을까. 서글프게도 〈스테이트 오브 플레이〉는 '난관'이 이밖에도 무수하다고 말한다. 어느 국회의원은 자신의 비리를 캐려는 칼에게 "경영진에게 말해서 널 해고시킬 거야"라고 협박한다. 그런 그에게 "어디 한 번 그렇게 해보라!"고 호기 있게 맞받아칠 수 있는 기자가 지금은 몇

이나 될까.

칼은 그렇게 했다. 델라의 빈정거림도, 편집국장의 호통도, 국회의원의 협박도, 경찰의 따돌림도 무시하고 뛰어넘으면서 취재를 이어간다. 그리고 마침내 자신이 침묵하면 아무도 모를, 친구이자 대학 동창인 하원의원 스티븐(벤 애플렉 분)의 여성 보좌관의 죽음에 대한 진실과 그 뒤에 숨어있는 엄청난 정치적 음모, 국가 보안을 맡은 거대 기업의 부패, 또 다른 살인을 밝혀낸다.

칼이라고 왜 고민이 없으며, 주저함이 없었으랴. 사람들의 냉대와 문전박대, 전화통화 거부에 "신문이 뭔데?"라는 불신과 경시, 특종과 속보를 위해 수단과 방법을 가리지 않는 언론 풍토를 뛰어넘어야 했다. 우정까지 배신당했다고 생각하는 스티븐에게 "자넨 늘 진실을 찾지. 나를 부른 것도 기사 때문"이라는 비난도 들어야 했다.

이런 모든 것을 감내하면서 칼이 집요하게 사건에 매달린 것에는 특종 욕심도 작용했다. 기자에게 그보다 더 짜릿한 희열, 뿌듯한 자부심도 없으니까. 그러나 칼이 생명의 위협까지 무릅쓰고, 친구와의 우정까지 저버리고 사건의 진실을 1면 머리기사로 쓴 것은 그 때문만이 아니다. 기자로서의 사명감이다. 기자는 모르는 것을 아는 척 해서도 안 되지만, 알고 있는 것을 모른 척 해서도 안 된다.

칼의 이 같은 용기와 집념, 선택이 바로 기자정신이다. 그

정신은 진실과 정의를 밝히려는 의지의 산물이다. 긴 시간 우여곡절과 온갖 악조건에도 불구하고 칼과 델라가 한마음이 되는 것도, 델라가 사건을 국회의원 스캔들로 보려는 자세에서 벗어나 사건의 본질에 접근하는 것도, 바로 기자정신에 대한 존경심과 가치를 깨달았기 때문이다.

사람들은 아직도 진실을 기대한다

기자도 사람이다. 사적 이해관계가 없을 수 없다. 처음 칼이 이 사건에 유난히 집착한 것은 여성 보좌관과의 스캔들과 그녀의 죽음으로 어려움에 처한 대학시절 기숙사 룸메이트였던 하원의원 스티븐을 도우려는 사적인 이유에서였다. 더구나 스티븐의 아내 앤은 한때 칼의 애인이었고, 지금도 서로 좋아하는 사이다. 그러나 그는 취재와 보도에서만은 우정도, 개인적인 감정도 버렸다. "사건에만 집중해. 그게 기자야. 나도 내 모든 것을 걸고 취재한다." 칼이 델라에게 해준 말이다.

칼의 신념과 델라의 깨달음을 통해 〈스테이트 오브 플레이〉는 낡은 것이라고 해서 함부로 버리지 말라고 말한다. 신문의 추락을 빈정대는 스티븐에게 칼은 모든 기자들의 마음을 담아 반박한다. "왜, 이젠 신문 읽는 사람이 없어서? 그래도 난 믿어. 독자들은 진실한 기사와 쓰레기 기사를 구별할 줄 안다고." 사람들은 아직도 누군가 진실을 써 주기를 기대

하며 매일 아침 신문을 기다린다.

자신이 취재하고 쓴 기사가 1면에 실린 종이신문을 펼치면서 델라는 "역시 이런 큰 사건은 신문을 손에 들고 읽어야 맛이 나죠"라고 말한다. 그녀로서는 새로운 세계의 경험이고, 과거에 대한 존중이다. 비단 기자만 느끼는 맛은 아닐 것이다. 낡고 느려 보이지만, 인터넷이 절대로 대신할 수 없는 신문의 힘이자 매력이기 때문이다. 영화의 시대착오적인 집착과 향수가 아니다. 종이신문에는 TV나 인터넷이 가지지 못한, 뉴스를 기억하는 시간, 생각과 비판의 깊이, 세상을 보는 눈, 말의 논리와 글쓰기의 정직함과 아름다움이 분명 있기 때문이다.

그렇게 생각하지 않는 사람들도 있다. '사회의 창'을 자처하면서 스스로 그 창문을 일그러뜨리고, 유리에 엉뚱한 색칠을 하고, 때때로 캄캄하게 창을 막아버리고 있기 때문이다. 농학자이자 수필가인 고故 유달영은 "그 창에 끼워진 유리가 평면이어야 함은 물론 색이 들거나, 때때로 변하는 일이 있어서는 안 된다"고 했다. 만약 유리면을 일그러뜨리고, 색깔을 칠하면 그 창을 통해 사회와 세계를 보는 우리 역시 그렇게 된다는 것이다. 편집국장 말대로 적은 월급 받고도 시키는 일을 다 하는 신문의 자존심을 팽개친, 자존심이 뭔지도 모르는 젊은 인터넷 기자들이 넘쳐나고 있다. 그들 중에서 델라처럼 달라질 기자가 과연 얼마나 될까.

수단까지 정당화할 수 없다

〈스테이트 오브 플레이〉는 기자의 사명과 윤리 사이에서 고민했다. 진실 보도를 추구한다는 명분으로 기자가 법과 절차를 함부로 어기거나 무시해도 되는가. 영화는 진실을 찾아 국민에게 알리기 위해서 불가피하다면 '그래도 된다'는 쪽을 선택했다. 칼은 사건의 결정적 증거물을 경찰에 곧바로 주지 않았다. 진실 찾기와 알리기보다 중요한 것은 없으며, 거기에 경찰도 장애물이 될 수 있다는 판단에서다. 그것이 사실이든, 아니면 특종에 대한 욕심에서든 불법이다.

게다가 칼은 사실 확인을 위해 취재원 협박도 서슴지 않고, 몰래 녹음도 하고, 자신이 써야 할 다른 기사의 마감을 지키지 않아 동료들에게 피해를 주고, 신문 제작에 차질을 빚으면서까지 사건만 쫓았다. 이런 그에게 델라가 "우린 경찰이 아니에요!"라며 소리치지만, 멈추지 않았다. 오히려 더 많은 증언을 확보하기 위해 친구인 스티븐의 비리까지 낱낱이 들춰냈다.

만약 그렇게 하지 않았다면 칼이 사건의 진실에 도달할 수 있었을까. 영화는 불가피한 선택이고, 기자의 숙명이라고 말한다. 그러나 목적이 수단까지 정당화하는 것은 아니다. 〈스테이트 오브 플레이〉라고 이를 모를 리 없다. 기자가 때론 진실 보도를 구실로 비윤리적, 불법적 특권을 누리려 한다는 사실을 알면서도 이런 선택을 한 것은 갈수록 법과 윤리, 사회적 책임으로 언론의 양심과 자유를 옭죄려는 시대에 대한 걱정 때문이리라. 언론 양심과 윤리는 저널리즘의 모든 요소에 엮여있는 가치이다. 어느 하나로만 섣불리 잴 수는 없다.

"당신이 아무리 기사를 써도 수증기가 눈에 보일까.
기자 양반이 안다고 했는데
그건 그냥 비고, 구름일 뿐이야"

〈모비딕〉과 기자 이방우

〈모비딕〉 군 권력기관의 불법 민간인 사찰을 폭로하려는 내부 고발자와 그 것을 보도하려는 사회부 기자의 위험 천만한 이야기. 1990년 윤석양 이병이 양심선언을 통해 국군 보안사의 정치, 노동, 종교, 재야인사들의 사찰활동을 폭로한 사건을 모티프로 삼았다. 허먼 멜빌의 소설 제목에서 따온 '모비딕'은 실제 보안사가 민간인 사찰을 위해 서 울대 앞에 위장 설립한 카페의 이름이 기도 하다. 사회적 관심이 큰 소재임에 도 불구하고 지나친 과장, 극단적 설정, 허술한 구성이 리얼리티를 해쳐 흥 행에 실패했지만, 권력이 가지지 못한 언론의 무기가 무엇인지를 보여준 다. 박인제 감독, 황정민·진구 주연의 2011년 작품.

권력이 가지지 못한 무기, 진실의 펜

검은 그림자를 없애는 길은 그것을 밝은 빛이
비추는 곳으로 끌고 나와 사라지게 만드는 수밖에 없다

1990년 윤석양 이병이 폭로한 육군 보안사의 민간인 사찰, 그것을 모티프로 만든 영화 〈모비딕〉은 지난 역사, 지난 이야기가 아니다. 불과 20년도 지나지 않아 비열한 역사는 2008년 국무총리실의 민간인 불법사찰로 반복됐고, 〈모비딕〉 역시 이야기를 끝내지 못하고 언젠가 또 다른 무대가 펼쳐질 것을 암시했다.

그나마 위안이라면 그 반복의 역사와 무대 속에서도—갈수록 정파성에 매몰되고 있기는 하지만—기사 윤회설을 온몸으로 입증한 이방우(황정민 분)와 손진기(김상호 분) 같은 기자, 생명의 위협을 무릅쓴 윤혁(진구 분)과 같은 내부 고발자가 늘 있다는 것이다. 그들로 인해 세상의 그림자가 조금

씩 걷힌다.

1990년 윤석양 이병이 폭로한 육군 보안사의 민간인 사찰, 그것을 모티프로 만든 영화 〈모비딕〉은 지난 역사, 지난 이야기가 아니다. 불과 20년도 지나지 않아 비열한 역사는 2008년 국무총리실의 민간인 불법사찰로 반복됐고, 〈모비딕〉 역시 이야기를 끝내지 못하고 언젠가 또 다른 무대가 펼쳐질 것을 암시했다.

그나마 위안이라면 그 반복의 역사와 무대 속에서도—갈수록 정파성에 매몰되고 있기는 하지만—기사 윤회설을 온몸으로 입증한 이방우(황정민 분)와 손진기(김상호 분) 같은 기자, 생명의 위협을 무릅쓴 윤혁(진구 분)과 같은 내부 고발자가 늘 있다는 것이다. 그들로 인해 세상의 그림자가 조금씩 걷힌다.

역사는 반복된다. 때론 판박이로, 때론 비슷한 모습으로. '나를 거울삼아 좀 더 인간다운 세상으로 나아가라'는 역사의 외침이 무색하다. 같은 역사가 되풀이되면 그것을 기록하고 세상에 알리는 초고인 기사 역시 반복될 수밖에 없다. 중요한 사건의 취재자료는 절대 버리지 마라. 비록 지금은 신문에 쓰지 못해도 언젠가 반드시 쓰게 되고, 이미 썼더라도 훗날 그대로 써야 할 일이 벌어지니까.

권력의 민간인 사찰과 사건 조작도 그중 하나이다. 사찰의 주체가 누구든, 거짓말과 은폐로 끝내 진실이 드러나지 않은 채 의혹으로 묻혀버리고 말든, 내부 고발자에 대한 시선이 어떻게 바뀌든, 권력의 탐욕이 사라지지 않는 한 반복될 것이다. 다만 그 방법과 모습이 조금 달라질 뿐, 권력의 음습하고 추악한 그림자는 교묘하게 어둠 속에서 형체를 숨기면서 누군가의 뒤를 밟고, 누군가를 몰래 쓰러뜨린다. 예나 지금이나 권력은 말과 행동이 다르고, 법을 비웃고, 국민을 속여서라도 덩치를 키우려 하니까.

'실제로 그것이 흰 고래라는 것을 알고 맞서 싸웠던 사람들은 극소수에 불과했다.' 멜빌의 소설에 나오는 한 문장이다. 영화 〈모비딕〉은 이를 인용하면서 시작한다. 거대한 흰 고래가 무엇을 의미하는지, 왜 극소수만이 그들에게 맞서 싸울 수밖에 없는지 우리는 너무나 잘 알고 있다. 사회부 기자

이방우(황정민 분)도 처음 바다에 뛰어들었을 때 절벽처럼 가로막고 있는 그것이 거대한 고래인줄 몰랐다. 그 고래가 죄 없는 사람들을 함부로 잡아먹고 세상을 어지럽히는 무시무시한 괴물이라고는 상상도 못했다.

동기는 단순했다. 1994년 11월 20일 서울 근교 발암교에서 발생한 폭발사건을 가능하면 타사 기자들보다 한발 앞서 알아내려고 한 것뿐이었다. 기자로서 당연한 선택이고 행동이었다. 그가 욕심을 낸 특종이라는 것도 폭발의 원인, 폭발로 인한 피해 규모, 피해자들의 신원 등 기자라면 사건 발생 기사에 이어 당연히 챙겨야 할 후속기사를 위한 '팩트'였다.

그도 처음에는 눈앞에 보이는 것, 간첩 테러사건이라는 정부의 발표를 열심히 '받아쓰기' 했다. 그것으로 끝났다면 바다 속의 거대한 고래는 발견하지 못했을 것이다. 그러나 한동안 소식이 끊겼던 동네 후배 윤혁(진구 분)이 불쑥 나타나서 엉뚱한 소리를 하고, 윤혁이 누군가에게 쫓기듯 발암교 사건이 조작됐다면서 건넨 한 뭉치의 디스켓을 열어보고는 받아쓰기를 멈추었다. 아무런 의심 없이 '사실'이라고 쓰고 있는 것이 거짓일지도 모른다는 생각에.

그 순간, 그는 라이벌인 동료기자 손진기(김상호 분)와 후배 기자 성효관(김민희 분)과 특별취재팀을 꾸려 '진실 찾기'에 나선다. 그러자 곧바로 정체를 알 수 없는 사람들의 위협

이 다가오는 것을 보며 진실은 다른 곳에 있다는 확신을 가
진다.

역사가 반복되면, 기사도 반복된다

　정체를 드러내지 않는 권력의 검은 그림자들 앞에서는 어
떤 존재도 무력하다. 그것은 어둠 속에서 나타나 수단과 방
법을 가리지 않고 장애물을 가차 없이 제거한다. 무소불위의
그들에게는 누구든 감시할 눈과 귀가 있고, 진실과 여론을
조작할 힘이 있으며, 인간의 영혼까지 파괴할 온갖 초법적
수단이 있다.

　윤혁을 피신시키다 그들에게 붙잡힌 손진기가 "니들 깡패
야? 나 기자야!"라고 소리쳐보지만 아무 소용이 없다. 그들

은 합법적인 깡패이고, 그들에게 기자는 가차 없이 치워버려야 할 훼방꾼일 뿐이다. 위협과 무차별 폭행에 납치도 모자라, 교통사고를 위장해 손진기를 없애고, 폭발사고의 증거를 없애기 위해 유일하게 부상을 입고 살아남은 한 사람까지 병실을 찾아가 죽인다.

그러나 이런 무시무시한 공포와 위협에도 진실을 찾아 폭로하는 언론과 내부 고발자가 있으며, 또 있어야 한다. 〈모비딕〉은 그것이 진정한 언론의 용기이고, 살아있는 양심이며, 세상의 정의라고 말한다. 그것을 위해 이방우에게는 손진기의 죽음이 가져온 인간적 분노를, 윤혁에게는 무고한 사람을 사찰한 것도 모자라 간첩으로 몰아 죽게 한 죄책감을 심어준다. 그것의 가치를 강조하기 위해 검은 그림자의 존재와 행위를 과장한다.

거대한 고래에 맞서 싸우는 이방우와 윤혁의 모습은 마치 계란으로 바위 치듯 비장하고 애처롭다. 서로의 꼬리를 밟으려는 추격전은 아슬아슬하고, 진실에 접근하는 순간들은 가슴 조마조마하다. 그러나 패스워드를 알지 못해 윤혁이 준 디스켓을 열지 못해 자포자기에 빠지고, 신문사 데스크의 질책과 검은 그림자와 유착된 편집국장의 압력이 노골적이어도 우리는 안다. 둘의 대결에서 승자는 결국 이방우와 윤혁이라는 사실을. 영화이기 때문이다.

영화는 사실을 바탕으로 하더라도 때론 사실이 아닌, 사실이고 싶은, 사실이어야 하는 것을 선택한다. 〈모비딕〉도 그렇다. 역사에서 배우지 못하는 우리에게 영화로라도 다시 한 번 그 길을 가르쳐주고 싶었는지 모른다. 물론 권력에게는 '소귀에 경 읽기'가 될 것이다. 그것을 예상하기라도 하듯, 〈모비딕〉은 발암교 폭발사고와 간첩조작을 하나의 사건으로 정리하고, 다음에 또 다른 검은 그림자와 내부 고발자에 대한 이야기를 이어가겠다는 암시를 한다.

그래서 그림자의 실체를 특정하지 않는다. 그냥 '정부 위의 정부'라고 했다. 그것이 군보안사든, 청와대든, 국무총리실이든 중요하지 않다는 것이다. 언제 어디에서고 권력의 하수인으로서 다른 모습으로 존재한다는 것이다. 겉으로는 "없다"고 하지만, 누군가에 의해 실체가 드러나면 늘 "있었다"는 것을 우리의 불행한 현대사가 증명하고 있지 않은가.

진실을 써내려가는 펜

화려한 캐스팅, 사회성 강한 소재, 묵직한 주제에도 불구하고 영화 〈모비딕〉은 선택에서부터 한계를 가지고 있다. 엄청난 충격적 사건이기는 하지만 윤석양 이병의 민간인 사찰에 대한 내부고발이라는 사실만으로는 극적인 요소가 부족하다.

그래서 여론 조작에 국면전환을 위한 간첩사건 조작과 여객기 폭파까지 집어넣고, 추리극 형식까지 가미했지만 허구와 사실의 허술한 연결고리, 언론에 대한 부실한 묘사, 배우

들의 어긋나는 감정이입과 감정적 접근이 현실비판의 날을
무디게 했다. '사실'에서 자유롭지 못함이 오히려 상상력을
뻣뻣하게 만들어 리얼리티와 충격을 약하게 만든 셈이다. 비
슷한 소재의 〈공작〉 같은 영화와 비교하면 알 수 있다.

　그럼에도 불구하고 〈모비딕〉이 상상한 몇몇 장면은 현실
을 날카롭게 찌른다. '정부의 정부' 책임자인 장 선생(이경영
분)은 입막음을 위해 폭발사고의 유일한 생존자를 자살로 위
장하라고 검찰총장에게 지시한다. 납치되어 죽을 위기에 처
한 이방우가 "이 세상에 기자가 나 하나뿐이냐?"고 악을 쓰
자 그는 수증기가 구름이 되고 비가 되는 이야기를 하며 비
웃는다. "당신이 아무리 기사를 써도 수증기가 눈에 보일까?
기자 양반이 안다고 했는데 그건 그냥 비고, 구름일 뿐이야."

이방우의 말처럼 두 눈 뜨고 권력을 감시하는 기자는 늘 있다. 장 선생의 말처럼 권력은 갈수록 교묘하고, 주변에 차단막을 짙게 쳐 기자가 좀처럼 수증기를 만들지 못할 수도 있다. 사회부장의 말처럼 기자는 관찰하는 사람이지 사건을 해결하는 사람은 아니다. 때문에 "기자가 할 수 있는 일이 하나도 없다"며 이방우처럼 한탄할 수도 있다. 그러나 기자에게는 권력이 가지지 못한 무기가 있다. 진실을 써내려가는 펜이다.

〈모비딕〉에서는 기자가 합리적 추론, 명확한 증거를 바탕으로 여객기 폭파 음모까지 알아내는 것으로 과장됐지만, 기자가 가진 펜이야말로 세상의 빛이다. 검은 그림자를 없애는 길은 누군가 그것을 찾아내 밝은 빛이 비추는 곳으로 끌고 나와서 사라지게 만드는 수밖에 없다. 권력의 검은 그림자는 결코 자신의 존재를 인정하지도, 스스로 빛 속으로 걸어 나오는 법도 없으니까.

3부

언론,
무엇을 해야 하나

"질문을 한다는 건 중요한 일이야.
질문을 멈추는 순간 패배하는 것이네"

〈트루스〉와 시사프로 PD 메리와 앵커 댄

〈트루스〉 아버지에 이어 미국 대통령이 된 조지 부시의 병역 비리를 끈질기게 추적한 CBS 시사고발 프로그램 〈60분〉을 다룬 영화. 베테랑 여성 프로듀서 메리 메이프스와 간판 앵커 댄 래더가 팀원들과 손잡고 증거 수집과 사실 확인 작업을 한 끝에 대통령의 군 복무 비리 의혹을 보도한다. 그러나 보이지 않는 거대한 힘에 의해 증거 조작이란 주장이 나오고, 증언이 뒤집히면서 그들은 '오보'의 불명예를 뒤집어쓴 채 방송을 떠난다. 메리의 회고록『진실과 의무: 언론, 대통령 그리고 권력의 특권』을 바탕으로 언론과 권력, 여론의 본질과 속성을 날카롭게 파고들었다. 제임스 밴더빌트 감독의 2015년 작품. 케이트 블란쳇 · 로버트 레드포드 주연.

끝없이 질문하라

*질문에는 용기가 필요하다. 질문을 막으려는 사람들,
대답하기를 거부하는 사람들, 질문하는 사람을 의심하고
의도를 왜곡하는 사람들이 있기 때문이다*

"우리가 답을 찾는다면, 질문은 뭐지?"

2004년 10월, 대통령 선거를 앞두고 재선을 노리는 부시의 병역 비리 관련 메모의 사본을 입수한 CBS 시사고발 프로그램 〈60분〉의 프로듀서 메리 메이프스(케이트 블란쳇 분)가 이를 보도하기로 결심하고 팀원들에게 던진 질문이다. 메모에는 젊은 시절 부시가 압력을 행사해 주 방위군에 입대했고, 근무에 충실하지 않았으며, 그래서 근무성적을 평가할 수 없었고, 조기 제대를 요청해 9개월이나 일찍 군에서 나왔다고 기록되어 있다.

그녀는 이 문서를 토대로 질문할 것이 무엇인지 모르거나, 질문을 찾더라도 답을 얻지 못하면 논점은 변질되고 진실 보

도는 불가능하다고 생각했다. 정확한 질문과 답이야말로 진실로 다가가는 시작이고 끝이다. 내가 믿는 것은 중요하지 않다. 그들이 믿느냐가 중요하다고 판단한 메리는 세 가지 질문으로 출발했다. '부시는 베트남 행을 피하려고 주 방위군에 갔는가?' '누가 부시를 방위군에 넣어줬는가?' '부시는 왜 신체검사에 불참했는가?'

메리와 팀원, 그리고 그녀의 정신적 아버지이기도 한 간판 앵커 댄 래더(로버트 레드포드 분)는 이 세 가지 질문의 답을 찾아 나선다. 그들은 제보자를 설득하고, 십중팔구 아예 연락을 차단해버리는 관련자들에게 끈질기게 연락하고, 그들을 TV 카메라 앞에 앉혔다. 그래도 진실을 밝히기는 쉽지 않았다. 만나는 사람들마다 하나같이 사실 확인을 거부했고, 심지어 '오보'를 주장하면서 부시가 베트남으로 가기를 바랐다는 정반대의 공식문서까지 들고 오는 사람도 있었다. 처음 메모를 제공한 전직 군인 빌 화이트조차 "상대가 너무 강해"라면서 겁을 먹고 주저했다.

그들의 거부와 부정에는 권력에 대한 두려움, 부시를 무조건 지지하는 정치적 편향, 자칫 자신의 부도덕성까지 드러날 수 있다는 불안, 그로 인해 닥칠 불이익과 위험에 대한 걱정이 뒤섞여 있었다. 진실을 말하기 꺼리는 이유는 또 있다. 시청률과 흥미에만 집착하는 시사고발 프로그램, 나아가 권력에 쉽게 흔들리는 방송에 대한 불신도 있다. 빌과 메리가 만나 나눈 대화에서 알 수 있다. "내가 왜 댁들에게 제보해야 하지? 신문도 아니고." "아무도 신문은 읽지 않으니까요" "다른 방송국도 있는데." "요즘 이런 일을 하려는 사람이 드물어요."

질문, 언론의 특권이자 의무

메리의 말대로 그들은 '드물게' 최고 권력자인 현직 대통령의 탈법과 부도덕성을, 그것도 선거를 코앞에 두고서 파헤치려고 덤벼들었다. 아득하고 위험천만한 모험이다. 어떤 개인적인 감정도, 정치적 배경도, 이해타산도 없다. 영화 제목처럼 저널리즘의 사명인 '진실(트루스)' 추구만이 있다. 아무리 비집고 들어가려 해도 작은 틈도 보이지 않는 완고한 벽 앞에서 메리와 댄, 팀원들은 주저앉거나 돌아서곤 했다. "우리의 억지가 아닐까?"라고 반문한다.

그러나 그들은 질문을 포기하지 않고, 찾아낸 답이 자신들의 예상과 다르면 증거를 찾아 그것이 진실인지 아닌지 확인했다. 그들에게 질문은 합리적 의심이다. 그 의심과 질문은 언론의 특권이자 의무이다. 후배 언론인인 마이크에게 댄은 이렇게 말한다. "질문을 한다는 건 중요한 일이야. 어떤 이들은 쓸데없는 일이라고 하고, 어떤 쪽에서는 우리더러 편파적이라고 하겠지만, 우리가 질문을 멈추는 순간 미국인들은 패배하는 것이네. 감상적인 얘기로 들리겠지만 난 믿어."

질문에는 용기가 필요하다. 질문을 막으려는 사람들, 대답하기를 거부하는 사람들, 질문하는 사람을 의심하고 의도를 왜곡하는 사람들이 있기 때문이다. 그들의 위협과 방해를 뛰어넘어야 한다. 〈60분〉 팀은 메모 내용을 확인해줄 사람들을 찾아 설득하기를 포기하지 않았고, 입증자료를 찾기 위해 서류더미에 파묻혔다. 그리고 마침내 관련자들의 증언을 퍼즐처럼 맞춰 자신들의 의심이 사실이었음을 확인한다.

영화나 소설처럼 그것으로 진실이 세상에 드러나고, 사람들이 그 진실을 모두 믿고, 그들의 용기와 땀이 반짝이는 언론의 모습으로 남으면 얼마나 좋을까. 그와는 정반대로 오보의 오명만 뒤집어쓴다. 의심과 답이 황당하고 거짓이어서가 아니다. 진실을 두려워하는 권력은 증명 불가능한 사소한 것들로 진짜 증거를 가짜로 만들어 버린다. 4명의 문서 분석가

의 말보다 "1970년대 군대 타자기에는 어깨문자의 기능이 없었다"는 어느 시민의 주장으로 메모는 위조 혐의를 뒤집어 쓰고 만다. 원본이 아닌 가짜라고 누구도 단정할 수 없음에도 불구하고.

논점이 엉뚱한 곳으로 향하면서 정작 메모에 담긴 것이 진실이냐, 아니냐도 관심을 잃어버렸다. 그보다는 메모가 진짜냐 가짜냐가 보도의 진실보다 더 중요하게 되어버렸다. 한심한 것은 누구보다 다른 방송사들이다. '물'을 먹고 앵무새처럼 〈60분〉의 폭로를 반복하던 그들이 마치 고소하다는 듯 하루아침에 180도 돌아서서는 '가짜 다큐 사건'이라고 떠들어 댄다.

우리에게도 비슷한 일이 있었다. 메모를 가짜로 몰고 가는 사람들은 알고 있다. 아무리 애를 써도 그들이 메모의 원본을 찾을 수 없다는 것을. 원본은 자신들에게 있으니까. 때문에 어떤 이유를 붙여서라도 가짜라고 주장해도 되고, 그것이 점점 진짜에 대한 객관성과 진실성까지 의심받게 만든다는 것을. 방송사 간부까지 겁을 먹고 책임을 피하려 메모의 진위 논란에 매달리자 메리는 소리친다. "문서는 작은 일부일 뿐이다. 중요한 건 부시 대통령에 대한 진실이고, 핵심은 그가 병역의 의무를 다하지 않았다는 것이다. 우리는 그에 대한 증거를 수집했을 뿐, 문서는 핵심이 아니다. 의문을 제기했다고 무차별 공격을 하다니, 이럴 수는 없다."

메모를 가짜로 몰아가는 사람들이 바라는 것은 하나이다. 〈60분〉 스스로 '실수'를 인정하고 사과하는 것. 그래야 모든 의혹이 슬며시 사라지고 다른 누군가가 또 나서지 않을 테니까. 사람들이 메모에 담긴 내용 역시 진실이 아니라고 믿게 될 테니까. 그것을 위해 극단적 편 가르기와 이념적 대립 조장, 인격 모독의 사이버 폭력도 마다하지 않는다. "뱀처럼 교활하게 생긴 좌파 년." "남자가 상대 안 해주는 레즈비언을 누가 몽둥이 다발로 죽도록 후려쳐줬으면." 메리에게 붙은 섬뜩한 댓글은 먼 나라, 과거의 모습이 아니다.

"질문을 멈추지 않는 한 진실은 승리한다"

〈트루스〉는 실패의 이야기다. 언론이 권력에 패배하고, 진실이 가짜에 지고, 방송이 다른 방송들에 패했다. 댄은 사과방송을 하고 앵커에서 물러나고, 메리와 팀원들도 모두 해고된다. 병역 비리 의혹은 물밑으로 가라앉고, 부시는 재선에 성공한다. 언론 역사에서는 진실이 승리할 때보다 패배할 때가 많다. 그래도 댄의 말처럼 언론이 진실을 추구하기 위해 질문을 멈추지 않는 한 언젠가는 승리한다. 성직자들의 아동 성추행을 고발한 '보스턴글로브' 스포트라이트 팀이나 베트남전의 추악한 비밀을 폭로한 '워싱턴포스트' 특별취재팀처럼.

〈트루스〉는 진실이 승리하기 위해서 언론뿐만 아니라 우리 모두가 어떻게 해야 하는지 기회가 있을 때마다 반복한다. "진실을 찾는 게 언론인의 소명이며, 진실을 추구하고 밝혀내기 위해서는 위험을 감수하면서 질문을 해야 한다"고. CBS 본사 조사위원회 앞에서 메리는 이렇게 소리친다. "우리는 부시가 군인의 의무를 다했느냐고 물었을 뿐이에요. 그런데 다들 폰트(활자에서 크기와 서체가 같은 한 벌)와 위조 음모만 떠들어댔죠. 왜? 듣고 싶지 않은 이야기가 나올 때마다 사람들은 그렇게 하거든요. 비난하고 정치 성향과 의도, 인성까지 물고 늘어지면서 진실 따위는 사라져버리길 바라죠. 그리고 모든 게 끝나면 하도 시끄럽게 발을 구르고 고함을 쳐서 뭐가 핵심인지 다 잊어버리고요."

메리가 직접 경험한 것을 바탕으로 한 자서전에서 가져왔으니 허구도 아니다. 굳이 뾰족하게 다듬을 필요도 없을 만큼 그녀의 한마디 한마디는 날카롭고 생생하다. 뉴스는 돈이 안 된다고 애써 취재하기보다 다른 방송의 뉴스를 그대로 베껴 내보내는 풍토를 이렇게 조롱한다. "뭐 하러 고생스럽게 새로운 사건을 취재해. 다른 사람들이 알아낸 사건에 같이 떠들면 그만이지."

언론인에 대해 정치 성향부터 따지려 든다. 정파성과 진영 논리에 빠진 세상에서는 더더욱. 인간은 칼로 두부 베듯 한 가지 색깔, 방향만으로 살지 않는다. 기자도 마찬가지다. 그래서 메리는 "나는 사람들에게 꼬리표를 달지 않는다. 사람들은 복합적인 관점을 갖고 있다"고 단언했다. 지금의 우리에게도 엄연한 현실로 존재하고 있는 일그러진 편견이다.

〈트루스〉에서 메리는 정치 성향이 아닌 언론인의 임무에 대한 질문을 했고, 그 질문의 답을 9개나 찾았다. 이렇게 질책할 수도 있다. 진실이 의심받지 않기 위해서 끝까지 나머지 하나의 답, 즉 메모의 원본까지 찾아야 했다고. 그 하나까지 찾아야만 '진실'이 될 수 있었다고. 기자라고 진실을 다 알아야만 하는 것은 아니다. 가능하지도 않다. 진실에 다가가기 위해 용기를 잃지 않고 최선을 다할 뿐이다. 그래서 24년간의 앵커 생활을 마감하는 고별방송에서 댄은 곳곳에서 진실을 얻기 위해 위험을 무릅쓰는 언론인 동료 모두에게 이렇게 말한다. "용기를 내세요."

순자의 '의의역신야'

　순자는 '비십이자非十二子' 편에서 "신신신야信信信也 의의역신야疑疑亦
信也"라고 했다. '믿을 만한 것을 믿는 것이 믿음이며, 의심할만한 것을
의심하는 것 또한 믿음'이라는 것이다. 여기서 '의심'이란 합리적 '의심'
을 말한다. 충분히 그럴만한 의심이 엿보인다면 마땅히 의심해서 밝히고
바로 잡아야 믿음이 세워진다는 얘기다. 순자는 '안다'는 것에 대해서도
'말을 해서 마땅한 것이 지知이며, 침묵해서 합당한 것이 또한 지知이다'
라고 했다. 그의 말대로라면 의심을 말하는 것 또한 지知이다. 숨겨진 진
실을 찾아내는 것 못지않게 모두가 믿고 있는 진실 속에 숨어있는 거짓
을 밝혀내야 하는 언론에게는 더더욱 합리적 의심이 필요하다.

'세상 어느 권력도 올바른 언론은 달가워하지 않는다.

외면하거나, 차단하거나.

아니면 적극적인 협조자로 만들려고 한다'

〈신문기자〉와 사회부 기자 요시오카 에리카

〈신문기자〉 아베 총리와 그의 부인 아키에가 연루된 모리모토학원과 가케학원 스캔들을 모티프로 하고 있다. 일본 정부의 새 대학 설립 계획 속에 숨어 있는 무서운 음모와 비리를 파헤치려는 기자의 이야기이다. 아베 총리와 친한 TBS 워싱턴 지국장 야마구치의 성폭행 사건과 피해자인 프리랜서 기자의 미투 선언, 가짜 뉴스를 조직적으로 퍼뜨리는 일본 내각과 권력 비판을 포기한 언론의 추악한 모습까지 고발한다. 여주인공인 요시오카 에리카 역을 한국 배우인 심은경이 맡은 것만 봐도 이 영화에 대한 일본 우익정권의 보이지 않는 압박과 사회 분위기를 짐작할 수 있다. 후지이 미치히토 감독의 2019년 작품.

그 누구보다 스스로를 믿고 의심하라

스스로에 대한 믿음은
'나는 진실을 알려야 하는 기자'라는 것이고,
의심은 '권력의 부패에 대한 감시'의 눈길이다

일본영화 〈신문기자〉는 몇 가지 이유로 화제가 됐다. 하나는 일본 아베 정권의 권력비리를 폭로하고 있다는 점, 또 하나는 어느 때보다 날카롭고 험악한 한일 관계 속에서 일본 영화의 주연을 한국 여배우 심은경이 맡았다는 점이다. 거기에 일본에서는 보기 드물게 언론까지 함께 비판하는 영화이다.

영화가 '죽은' 과거가 아닌, '살아있는' 현재의 권력을 비판한다는 것은 한국에서나 일본에서나 쉽지 않다. 권력의 눈치를 보는 자본으로부터 투자를 외면당하기 쉽고, 개봉과 상영에도 보이지 않는 손이 작용해 아무리 화제를 모아도 상업적으로 성공하기가 만만찮다. 일본이라고 다르지 않다. 보수

권력의 장기집권으로 표현의 자유가 설 자리를 잃어가고 있다. 아베 우익 정권이 위세를 떨치고, 국익 논리가 모든 것을 집어삼킬 만큼 보수와 국가 이데올로기가 일본 사회를 짓누르고 있는 것이 사실이니까.

〈신문기자〉가 겪었을 어려움이 짐작된다. 우선 선뜻 주연을 맡겠다고 나선 여배우가 없었다는 것부터가 그렇다. 상영이 여의치 않은 극장들의 사정도 마찬가지다. 이런 상황을 예상이라도 하듯, 영화의 야야기 역시 허구의 희망이나 승리로 나아가지 않고 빨간 신호등 앞에서 멈췄다. 참담하고 답답한 현실을 인정한 것이다. 어쩌면 그것이 〈신문기자〉의 운명인지도 모른다.

권력은 변하지 않는다. 예나 지금이나, 좌든 우든, 한 번

잡으면 어떻게든 놓치지 않고 더 키우려고 모든 채찍과 당근을 동원한다. 그 대상에는 반드시 '언론'도 들어있다. 세상 어느 권력도 올바른 언론은 달가워하지 않는다. 외면하거나, 차단하거나. 아니면 권력의 감시자가 아닌 동조자, 나아가 적극적인 협조자로 만들려고 한다.

언론유착과 탄압은 탐욕스러운 권력의 필연적 선택이다. 때문에 언론이 부패하고 독선적인 권력의 '감시자' 역할을 하기란 쉽지 않다. 어떤 유혹과 위협 속에서도 변하지 않아야 할 언론과 언론인이 자기 역할을 포기하곤 한다. 거기에 그치는 것이 아니라 때론 스스로 욕심에 빠져 권력과 손을 잡거나 권력투쟁에 나선다.

그 누구보다 스스로를 믿고 의심하라

〈신문기자〉는 그 둘을 모두 고발한다. 권력의 비리와 그 감시자 역할을 포기한 일본 언론에 대한 비판과 반성이다. 비리 은폐, 민간인 사찰, 불법 신상 캐기, 고위관료의 자살, 가짜 뉴스, 어용기자가 뒤섞여 우울하고 음습하고 불길하고 섬뜩한 냄새를 풍긴다. 우리 현실과도 무관하지 않다.

일본이라고 모를 리 없다. 언론이 지금 어떤 모습이고, 무엇을 해야 하는지. 〈신문기자〉는 두 가지 방식으로 그것을 이야기한다. 하나는 TV의 대담프로를 통한 '말'이다. '말'만 있다면 공허하다. 또 하나는 '토우토신문'의 사회부 기자 요시오카 에리카(심은경 분)가 신설 대학의 실체를 파헤치는 '행동'이다. 〈신문기자〉는 비록 사적 동기를 부여하지만, '말'을 일본 특유의 정서인 조심스럽고 느린 '행동'으로 하나하나 보여준다.

TV 대담프로는 오늘의 일본 미디어 환경을 이렇게 진단한다. "미디어는 분명 존재가 불분명해졌다. 정치적 변화와 기술혁신에 의한 디지털매체 보급으로 많은 문제가 발생하고 있으며, 미디어의 생존에도 큰 위기가 닥쳤다. 그런데 정작 미디어는 위기감이나 문제의식이 부족하다. 여전히 옛날 방식을 고수하려 한다."

이어 언론의 현실에 대한 비판이 뒤따른다. "저널리즘은 시민을 위해 정부가 하는 일을 설명하고, 권력자에 대한 감시견제는 언론의 오랜 기능이고 본분이다. 이를 소홀히 하고 있는 것은 정부의 강력한 규제 탓이 아니다. 유력 미디어들이 시대와 싸울 자세를 갖추지 않았다. 기자는 권력을 비판할 수 있어야 한다. 인터넷 영향으로 지면 매체가 죽었다 해도 이것은 변하지 않는다. 저널리즘이 무엇인지 기자들 스스로 질문을 던져야 한다."

이 말에 귀 기울이는 시청자도, 기자도 없다. 주인공인 요시오카 에리카를 빼고는. 더구나 새벽 2시다. 방송의 걱정과 충고가 공허하다. 전 교육국장과 야당 여성의원의 스캔들 기사가 모든 신문 지역판의 같은 위치에 같은 내용으로 실리고, '총리의 개'로 불리는 어용기자에게 성폭행을 당한 프리

랜서 기자가 검찰의 불기소처분에 불복해 '미투' 선언까지 하지만 도리어 '꽃뱀'이나 '야당의 자객'으로 둔갑시키는 세상이다.

그 뒤에 권력의 손길이 숨어있음은 당연하다. 언론도 그 손길을 기꺼이 맞잡는다. 내각 정보 조사실은 몰래 뒤를 밟아 찍은 사진을 신문사에 제공하고, 가짜 뉴스를 만들어 트위터에 퍼뜨린다. 신문사는 약속이라도 한 듯, 그 사진을 일제히 신문에 싣는다. 이런 판국에 요시오카 에리카는 무엇을, 어떻게 해야 하나.

영화는 그 답을 오보의 누명을 쓰고 스스로 목숨을 끊은 것으로 알려진 민완기자이자 그녀의 아버지가 취재노트에

남긴 메모 '그 누구보다 스스로를 믿고 의심하라'에서 찾는
다. 스스로에 대한 믿음은 '나는 진실을 알려야 하는 기자'라
는 것이고, 의심은 '권력의 부패에 대한 감시'의 눈길이다. 아
버지 말대로 에리카는 그렇게 하기로 결심한다. 누군가 팩스
로 보낸 선글라스를 낀 양의 그림을 가지고 진실을 찾아 나
선다. 권력이 변하지 않는 한, 언론과 언론인의 존재 이유도
변할 수 없기 때문에.

권력이 변하지 않는 한 언론도 변할 수 없다

어느 나라, 어느 정부에서나 권력의 하수인들은 있다. 그
들은 온갖 조작과 비리와 탈법으로 진실을 은폐·호도하면
서 〈신문기자〉에서 내각 정보 조사실장 타다(다나카 테츠시

분)처럼 말할 것이다. "이것도 국가를 지키는 중요한 업무다." "정권유지가 곧 이 나라의 평화와 안정이다."

우리에게도 익숙하다. 내각 정보 조사실에 파견된 외무공무원 스기하라 타쿠미(마츠자카 토리 분)도 기계처럼 명령받은 대로 가짜 뉴스를 만들고 퍼뜨리는 것이 공직자로서 국가를 위하는 길이라고 애써 합리화했다. 그런데 베이징에서 함께 근무했던 상사가 자살하면서 진실과 양심이 그를 다른 길로 가게 한다.

〈신문기자〉는 정반대 쪽의 두 사람을 한 지점(진실)에서 만나게 한다. 신설 대학 설립을 둘러싼 권력의 음모와 거짓말에서다. 정부가 비밀리에 군사용 생화학 병원균을 만들 연구소를 계획하고 있다는 사실을 확인한다. 영화에서 그들의 진실 행로의 동기는 거창한 사명감이나 정의감이 아니다. 다분히 사적이다. 에리카의 집념은 아버지의 억울한 누명과 죽음에 대한 상처와 복수심에서 비롯되었다. 타쿠미의 용기 역시 선배의 죽음에 대한 죄책감에서 시작됐다. 그건 중요하지 않다. 중요한 것은 진실이며, 그 진실이 세상에 알려져야 한다는 것이다.

그 주인공이 꼭 영웅일 이유는 없다. 에리카처럼 최소한 저널리즘의 정신이 무엇인지는 알고 있는 기자이면 된다. 권력의 은근한 협박에 처음에는 머뭇거렸지만 에리카의 기사를 1면 톱으로 올리고 헤드라인도 '대학 설립 계획 재구상'

에서 '신설 대학에서 생화학병기 연구'로 과감하게 바꾸면서 기사 마지막에 '정부의 명확한 설명이 요구된다'를 추가한 사회부장 진노(키타무라 유키야 분)면 된다. 자신이 퍼뜨린 가짜 뉴스가 확대재생산되고, 그 뉴스로 누군가 억울한 누명을 뒤집어쓰고, 죽음의 진실조차 묻혀버리는 세상을 보면서 더이상 자신과 국민을 속이지 않겠다는 공직자이면 된다.

말은 그렇게 하면서도 〈신문기자〉는 그것이 결코 쉽지 않은 현실임을 인정한다. 권력은 '죽은 상사를 위해 공무원이 미쳐 날뛰고, 그에게 신문사가 속았다'는 주문형 기사로 에리카의 기사를 오보로 만들고, 스기하라에게 넌지시 아내와 막 태어난 아이를 인질로 삼아 "결심을 번복하는 건 부끄러운 일이 아니다. 이 나라 민주주의는 형태만 있으면 돼"라면서 협박과 회유를 한다. 그 힘과 집요함 앞에서 움츠려들 수밖에 없다.

그들의 진실은 승리의 지점까지 나아가지 못하고 멈춰 선다. "안 되면 후속 기사에서 나의 실명을 공개하라"고까지 했지만 타다 실장에게 협박과 회유를 당한 뒤, 자신을 만나러 횡단보도 신호등을 기다리는 에리카에게 멀리서 "고멘(미안)"이라고 나직이 말하고 사라지는 스기하라가 다시 진실 앞에 용감히 모습을 드러낼 날은 언제일까. TV 대담프로에서 "일본은 집단의견에 약하다고 하지만 개인의 강한 의지와 의견도 있다. 개인이 신념에 따라 일어서고 있어 시민의 힘으로 새로운 사회를 열 수 있다. 진실보도를 하자는 언론의 움직임도 있다"는 희망 섞인 진단이 부끄럽다. 그것이 이웃나라의 현실만은 아닌 것 같아 우울하다.

 '표현의 자유'에 대한 규제의
합헌성 판단 기준에 관한 이론들

- 사전억제금지 이론: 언론 출판이 사전 허가나 제한으로부터는 해방되지만, 출판 후 범죄가 발견되면 처벌을 감수해야 한다는 이론.
- 위험한 경향의 이론: 본질적으로 국가나 사회에 해악을 야기할 경향만 존재해도 그 표현은 금지될 수 있다는 것으로 선동의 규제, 예방권을 폭넓게 인정하는 이론.
- 우월한 지위의 이론: 언론의 자유는 민주주의의 필수적인 전제로 그 불가결의 기반을 구성하기 때문에 이를 규제하는 입법의 합헌성은 경제적 지위를 규정하는 입법의 경우보다 엄격한 기준에 의해 판단해야 한다는 이론.
- 명백하고 현존하는 위험 이론: 해악의 발생이 실제로 존재하고 또한 그에 따른 위험이 존재하는 경우에는 이를 제한할 수 있지만, 단순히 그러한 예상만으로는 제한할 수 없다는 이론.
- 이익형량의 이론: 언론의 자유를 제한함으로써 생기는 이익과 그것을 보장함으로써 얻게 될 이익을 각 사건에 따라 개별적으로 판단하는 언론자유와 다른 법익을 비교하는 이론

"왜 그렇게 집착을 안 해? 명색이 기자가.

두려운 거야? 걸리는 게 많아 입을 다무는 거야?

스폰서 오고, 매스컴에서 떠들고, 축제 망치기 싫어서?"

〈챔피언 프로그램〉과 스포츠 기자 데이빗 월시

〈챔피언 프로그램〉 미국의 사이클 황제인 랜스 암스트롱의 화려한 비상과 추락, 사기와 위선에 관한 이야기이다. 말기 고환암을 극복하고 세계 최고의 사이클 대회인 '투르 드 프랑스'에서 7번이나 정상에 오르면서 부와 명예를 거머쥔 랜스. 그러나 그의 이런 초인간적 능력과 성공에 의심을 품은 '선데이 타임스'의 스포츠 전문기자 데이비드 월시가 있다. 모두가 "그래서 뭘 얻는다고?" 하면서 외면한 진실 뒤에 숨은 거짓을 그는 찾아 나선다. 랜스 암스트롱이 CBS의 〈60분〉에 출연해 도핑 사실을 고백하고 나서 4년 뒤인 2015년에 만든 영화이다. 스티븐 프리어스 감독, 벤 포스터 · 크리스 오다우드 주연. 원제 〈The Program〉.

합리적 의심, 진실의 첫걸음

신화에 가까운 완벽한 이야기, 하지만 '가짜'인
서사극이 영원할 수는 없다. 의심하는 한 사람만 있다면

숨겨진 진실을 찾아내는 것 못지않
게 언론은 모두가 믿고 있는 진실 속에 숨어있는 거짓도 밝
혀내야 한다. 이를 위해 합리적 의심이 필요하다. 2016년 말
대한민국을 소용돌이로 몰아넣었고, 결국은 대통령이 탄핵되
는 결과까지 낳은 '최순실의 국정농단'이 그랬다.

〈챔피언 프로그램〉도 합리적 의심에 관한 이야기다. 실화
를 바탕으로 했고, 워낙 유명한 사건이었으니 많은 사람들이
결말은 알고 있다. 합리적 의심이 결국 진실의 가면 뒤에 숨
은 거대한 거짓을 밝혀냈다는 것을. 우리가 이 영화에서 주
목해야 할 것은 그것을 알기까지 부딪쳐야 했던 수많은 난관
들이다. 그 난관은 인기와 권력의 압력, 인간의 잘못된 믿음

과 욕망, 비겁한 마음, 잘못된 계산들이었다.

스포츠 스타에게 '인기'는 권력이다. 그 인기는 대통령과 마찬가지로 대중들이 부여한다. 랜스 암스트롱(벤 포스터 분)도 세계 최고 권위의 도로 사이클 대회인 '투르 드 프랑스'에서 7번이나 우승하면서 그것을 얻었다. 그의 인기와 영광은 말기 고환암을 극복하고 얻은 승리의 선물이어서 더욱 빛났다. 그는 막대한 부를 거둬들였고, 자선재단을 만들어 어린이 암 환자에게 도움과 희망을 주었다.

이만하면 스포츠 스타로서 유·무형의 사회적 기여와 책임까지 멋지게 해내지 않았나. 그러나 그 뒤에 추악한 거짓과 사기, 대중조작이 있었다면? 선행조차 계산된 행동이었다면? 사람들은 그의 '선'에 취해 굳이 '악'을 보려고도, 믿으려고도 하지 않았다. 알고도 모른 척했다. 이익형량의 법칙에서 기쁨과 희망보다 거짓과 조작에 더 큰 이익이 있다는데 손을 들었다.

왜 그렇게 집착을 안 해

〈챔피언 프로그램〉에서 일부 언론까지 이렇게 반문한다. 진실을 밝혀서 얻는 것이 무엇이냐. 오히려 그로 인해 그에게 도움을 받고 있는 수많은 불우한 아이들이 입을 손해가 너무 크지 않느냐? 그에게 열광했던 팬들의 정신적 상처는 어떻게 할 것이냐? 더구나 지금까지 불법(도핑)에 걸린 적이

한 번도 없는데.

　랜스 암스트롱의 불법행위와 위선은 치밀했다. 스포츠 닥터와 코치, 팀 동료들이 하나가 돼 은밀하게 약품을 구입하고, 그 약물 투입과 혈액 관리로 체력을 엄청나게 키우고, 불법에 함께 가담한 팀 동료들이 경기에서 다른 팀의 경쟁자들을 따돌리는 계산된 작전으로 '세상에서 가장 믿기 힘든 장면'인 우승을 만들었다. 그것을 위해 암스트롱은 스포츠 닥터인 미켈레 페라리가 하라는 대로 했다. 경기 전에 적혈구 숫자를 늘리기 위해 에포란 약물을 주입하고, 경기 후에는 도핑에 걸리지 않기 위해 엄청난 양의 수액을 맞았다. "중요한 것은 우승"이니까.

　'선데이 타임스'의 스포츠 전문기자 데이비드 월시(크리스

오다우드 분)도 현장 취재하면서 처음에는 그의 기적 같은 재기와 승리에 감격하고 흥분했다. 그러나 자부심 가득한 애국심, 감동적 휴먼스토리, 뜨거운 감정의 순간이 지나가고 나자 뭔가 이상했다. '무려 5시간 반 동안 험한 산악도로를 달리고도 지친 기색 하나 없다? 죽어라 페달을 밟는 다른 선수들과 달리 산을 오르는 코너를 돌면서 오히려 브레이크를 많이 밟았다? 이전까지 산악 최고 기록이 39위였는데 단숨에 1위를? 갑자기 슈퍼맨이 되었나?'

그의 합리적 의심은 이런 질문으로 시작됐다. 그리고 함께 취재에 나선 타사 기자들에게서 그 의문의 합리성을 확인하려 했다. 그러나 그들은 눈에 보이는 것만 믿으려 했다. 돌아오는 답은 그의 기대와 거리가 멀었다. "오늘 출전자 중에서 최고로 만족스럽지 않아?" "암 치료 후이니 특수약물을 쓸리가 없잖아." "혹시 약물을 투여했다면 다른 선수들이 알았겠지."

급기야는 월시에게 "왜 그렇게 집착해?"라는 핀잔이 돌아온다. 그런 기자들에게 월시는 소리친다. "왜 그렇게 집착을 안 해? 명색이 기자가. 두려운 거야? 걸리는 게 많아 입을 다무는 거야? 스폰서 오고, 매스컴에서 떠들고, 축제 망치기 싫어서? 대중들 속여먹는 우승자들이 사기꾼이지 뭐야."

합리적 의심을 가진 순간부터 그의 기사는 달라진다. '사이클링이 침묵한다. 운영진, 언론, 라이더들이 귀가 멀게 침묵한다. 하지만 계속 환호를 지르면 달갑잖은 질문들은 사라질지 모른다. 이거 진짜인가? 아니면 약발인가?'라고 쓰지만 사람들은 그의 의혹 제기에 관심을 두지 않는다. 오로지 또 다른 신화창조, 또 다른 승리에 취하고 싶을 뿐이다.

"한 우물을 마시는 게 여기 생리!"

혈액 도핑의 대부인 스포츠 닥터 페라리가 경찰에 체포되면서 그의 합리적 의심이 조금씩 믿음으로 드러나지만 진실 밝히기는 좀처럼 진척이 없다. 돈과 인기를 양손에 거머쥔 암스트롱의 전방위 압박과 인간승리로 포장하는 위선이 작은 펜 하나 든 기자의 존재를 압도했기 때문이다. 증거가 없다고 데스크까지 기사를 거부한다. "왜죠? '잘 생기고 젊은 암 생존자로 많은 이들에게 희망을 주었으니 사기꾼이 되면 안 된다, 그럼 세상이 더러운 걸 까발리는 거다'라는 건가요?"라는 윌시의 항의는 스포츠의 상업성과 타락에 대한 냉소이다.

더 이상 진실에 대한 희망을 보지 못한 윌시는 "투어는 좋지만 약쟁이에겐 관심 없다"면서 사이클 대회 취재를 그만둔다. 눈엣가시를 없앤 랜스 암스트롱은 새로운 팀원을 받아들이고, 이동하는 차 안에서 약물을 주입하고, 양심의 가책을 느끼는 선수들과 보조요원들을 협박하면서 연승 가도를 달린다. 거짓과 인기의 승리, 정의와 양심의 패배이다.

승리를 위해 암스트롱은 더욱 뻔뻔해지고, 교묘해지고, 영

악해진다. 그러나 그가 빠뜨린 게 하나 있다. 바로 월시가 합리적 의심을 결코 버리지 않았다는 사실. 그의 의심은 『일곱 개의 대죄』란 책으로 이어진다. 그것으로 모든 게 바뀌면 좋으련만, 암스트롱은 그것을 암 퇴치 재단활동 훼방, 책 팔아먹기 전략으로 몰아가고, 동료 기자들은 여전히 "모두 한 우물을 마시는 게 여기 생리!"라면서 외면하는 비겁자가 된다.

〈챔피언 프로그램〉은 그들에게 진짜 스포츠를 죽이고, 진실의 우물을 더럽히는 사람은 누구인가 하고 묻는다. 월시는 "내가 신뢰한 이 스포츠(사이클)를 암스트롱이 죽이고 있다"고 소리친다. 암스트롱만이 아니다. 언론이 더럽히고, 확증이 없다는 이유로 월시와 '선데이 타임스'에 명예훼손으로 벌금을 물린 법원과, 그것도 모른 채 승리에 열광하는 팬들이 죽이는 것이다. 그런 세상을 암스트롱은 마음껏 농락하고 비웃는다.

그렇다고 '신화에 가까운 완벽한 이야기, 하지만 가짜'인 서사극이 영원할 수는 없다. 의심하는 한 사람만 있다면. 은퇴 후 4년 만에 복귀해 경기를 치르면서 도핑에 걸려 막다른 길로 몰린 암스트롱은 '오프라 윈프리 쇼'에 나와 그동안의 혈액 도핑, 약물 투여, 수혈 사실을 고백한다. 그와 함께 인기와 명예가 모두 날아갔다. '투르 드 프랑스'에서 받은 우승 타이틀 7개 모두 박탈당하고, 스폰서에게 엄청난 배상을 해준다.

서글픈 것은 그럼에도 불구하고 죄책감이나 후회를 하지 않는 그의 모습이다. "그래도 승자는 있어야 한다. 나는 투어의 승자다!"라고 말하는 그에게서 참다운 스포츠 정신은 찾아볼 수 없다. 공익과 선에 기여했기 때문에 이를 위한 악행은 떳떳하다는 그에게 적어도 언론만은 스포츠의 목적이 승리에만 있지 않다는 것을, 목적이 수단을 정당화할 수 없다는 것을 일찍이 깨우쳐줬어야 했다. 애국심, 관중들의 환호와 열광, 잘못된 이익형량 법칙, 사적 감정에 빠지는 대신 모든 기자가 월시처럼 합리적 의심을 하고, 그 의심을 믿음으로 이어갔다면 그렇게 됐을 것이다. 오늘도 수많은 스포츠 스타들이 짜릿한 승리, 감동의 승리, 기적의 승리로 사람들을 열광시킨다. 막대한 부도 챙긴다. 그런데 그 승리가 정말 모두 정당하고 진실할까. 기자는 결과만 챙기는 사람이 아니다. 때론 물구나무를 서서 되돌아 걷기도 해야 한다.

"사유의 바람이 드러내는 것은 지식이 아니다.
옳고 그른 것, 아름다운 것과 못난 것을
구분할 수 있는 능력이다. 이런 시도가 사람들에게
파국을 피할 수 있는 힘을 주길 바란다"

〈한나 아렌트〉와 정치사상가 한나

〈한나 아렌트〉 실존 인물의 실제 이야기를 다룬 영화. 1961년 4월 독일계 유태인 철학자이자 정치사상가이며, 하이데거의 제자이자 연인이었던 한나 아렌트(1906~1975)가 잡지 '뉴요커'에 칼럼을 쓰겠다고 제안하고 유태인 학살의 전범인 아돌프 아이히만의 예루살렘 재판을 참관한다. 양심과 소신, 자신만의 철학으로 쓴 그녀의 칼럼은 유태인들은 물론 지식인들로부터 "나치전범자를 옹호했다"는 엄청난 논란을 불러일으킨다. 그녀는 살해 위협까지 받지만 자신의 철학과 주장을 굽히지 않는다. 그리고 자신의 글을 유명한 『예루살렘의 아이히만』이란 책으로도 출판한다. 마가레테 폰트로타 감독, 바바라 수코바 주연의 2013년 작품. 원제 〈Hannah Arendt〉.

이해하려는 것, 글 쓰는 자의 의무

'뉴요커'가 없었다면,
인류 역사에서 가장 잔인했던 악과 인간의 사유를 연결시킨,
지금도 우뚝한 한나 아렌트의 '악의 평범성에 대한 보고서'를
우리는 읽어보지 못했을지도 모른다

〈한나 아렌트〉는 실화다. 한 시대 지성의 인간과 사회에 대한 날카로운 해석이 사실에 담겨있으니 굳이 꾸미거나 거짓말을 보탤 필요가 없다. 배우가 역할을 대신했지만 아이히만과 재판 과정처럼 그때의 사건과 인물, 상황을 온전히는 아니지만 있는 그대로 담았다. 영화를 꼼꼼히 따라가는 것 자체가 곧 사실이고 역사이다.

1960년 5월 11일 저녁, 아르헨티나의 부에노스아이레스 교외 인적이 드문 곳에서 버스에서 내린 한 남자가 정체를 알 수 없는 사람들에 의해 납치된다. 그 남자가 바로 유태인 학살 수송 책임을 맡았던 나치 정보부의 아돌프 아이히만. 전쟁 후 15년간 신분을 숨기고 몰래 도망 다닌 그를 이스라

엘 비밀경찰이 체포해 예루살렘으로 압송, 이듬해 4월 법정
에 세운다. 세계를 떠들썩하게 만든 그 유명한 '아이히만 재
판'이다.

　그 소식을 듣고 미국에 살고 있던 독일계 유태인 여성 정
치사상가이며 철학자인 한나 아렌트가 잡지 '뉴요커'에 재판
참관기를 쓰겠다는 편지를 보낸다. '뉴요커'에서는 그녀의 제
안에 반대하는 목소리도 있었다. "기사를 쓰겠다고 빌어도
부족한 판에", "발에 차이는 게 유럽 철학자"라는 언론 특유
의 오만함과 무시, "철학자들은 마감을 절대로 안 지킨다"는
불신과 편견 때문에.

　그러나 편집장 숀은 "20세기에 가장 의미 있는 책"인『전
체주의의 기원』의 저자이면서 유태계 독일인 망명자를 필자
로 잡는다면 "우리야 이득이지"라며 흔쾌히 받아들인다. 만

약 그의 이런 용기 있는 결정이 없었다면 후에 명저로 남은 한나 아렌트의 『예루살렘의 아이히만』도 나오지 못했을지 모른다.

프랑스 망명 시절 만나 결혼한 남편 하인리히는 "유럽에서 끔찍한 소식이 들릴 때마다 당신이 얼마나 괴로워했는지 기억 안 나?"라며 아내의 재판 참관을 은근히 말린다. 그러나 한나는 "이 기회를 놓친다면 날 용서할 수 없을 거야"라고 하면서 예루살렘으로 날아간다. 글도 글이지만, 그녀는 그 재판에서 '악의 특별성'을 확인하고 싶었다.

이스라엘의 불법 납치에도 불구하고 아이히만 재판은 유태인들의 열렬한 지지를 받는다. 역시 유태인으로 한나의 친한 동료인 한스도 "나치를 재판하는 건 우리의 거룩한 권리야"라고 소리친다. 많은 사람들이 아이히만을 지켜볼 수 있게 유리 진열장을 만든 법정에서, TV가 편법으로 생중계까지 하는 재판에서 증인들은 나치의 학살에 분노하고, 아우슈비츠에서 희생된 600만 유태인들의 비극을 눈물로 증언했다. 희생자들의 들리지 않는 피울음소리를 호소하며 그들이 모두 고소인이라고 절규했다.

나만의 '시각'으로 보다

엄청난 분노와 슬픔, 복수심으로 가득 찬 재판 과정을 지켜보던 한나는 의문이 들기 시작한다. 나치(아이히만)의 범죄

대상을 유태인으로 한정할 수 있나. 그것은 인류에 대한 범죄가 아닌가? 그렇다면 아이히만은 국제 재판정에 세워야 하는 것 아닌가? "역사를 심판할 수 없으니, 한 개인을 법정에 세웠군"이란 남편 하인리히의 말이 틀리지 않다고 생각한다.

게다가 재판에서 본 아이히만의 모습과 진술은 그녀가 상상했던 것과 너무나 달랐다. 감기에 걸려 연신 손수건으로 콧물을 닦으며 "다만 이 일에 유태인 수송과는 책임이 없다는 것만 말할 수 있다", "지시대로 명령을 따라야 했다. 행정적인 절차니까", "난 죽이지 않았다"고 말하는 그에게서 인간의 양심을 저버린 의도적이고 악랄한 살인자가 아닌 지극히 평범한 국가 공무원의 모습을 보았기 때문이다.

그래서 그녀는 결론을 내린다. 그는 악마가 아니다. 반유대주의자도 아니다. "말도 안 되는 소리"라고 흥분하는 유태인들에게 한나는 이렇게 말한다. "법을 따랐을 뿐이라고 하잖아요. 정말 흥미롭지 않아요? 살육적인 체제가 요구한 것은 뭐든 열심히 한 사람이 자기 무용담을 늘어놓으면서 유태인을 미워하지 않았다고 주장하다니."

한나가 보기에 아이히만에게는 목적지가 아우슈비츠냐는 중요하지 않았다. 기차를 떠나보내면 자기 책임을 다한 것이었다. 사람들을 죽음으로 내몰고도 전혀 가책을 못 느꼈던 것은 사람들이 어찌됐든 자신은 관계하지 않았다는 바로 그것이었다. 한나는 인정했다. 그자의 끔찍한 행동과 평범함 사이에는 아주 커다란 간극이 있다는 사실을.

그래서 산더미 같은 재판기록 복사본을 가지고 미국으로 돌아오지만 손의 마감 독촉에도 몇 달 동안 한 줄도 못 쓰고 고민한다. 하인리히마저 "기사는 논문이 아니야. 독자는 그가 뭘 했는지 알고 싶어 해"라고 다그치지만 소용이 없다. "철학자들은 마감을 절대로 안 지킨다"는 말은 맞았다. 편집국 내부에서 "톨스토이의 『전쟁과 평화』도 이만큼은 안 걸렸다"는 비아냥까지 나오자 손은 한나에게 먼저 쓴 것부터 보내달라고 요구하지만 그마저 거부당하자 시의성은 포기하고 한나에게 "그럼 천천히 쓰라"고 말한다.

그러는 사이 1년이 지나고 아이히만은 사형선고를 받고 교수형에 처해진다. 그때까지 한 줄의 원고도 못 쓴 한나는 문득 자신의 스승이자 한때 연인이었던 하이데거의 "활동하기에 살아있고, 사유思惟하는 존재이기에 생각한다"는 말을 떠올린다.

그 '사유'를 가지고 그녀는 칼럼을 쓰기 시작한다. "우리는 악을 대체로 초자연적인 어떤 것, 즉 사탄의 체현으로 봤다. 그러나 아이히만은 이런 깊이에도 이르지 못했다. 그는 사유할 능력이 없었다. 그를 20세기 최고의 극악무도한 범죄자로 만든 건 그 어떤 어리석음과도 일치하지 않는 '사유의 부재'였다. 그는 다만 사유할 능력이 없었다."

그리고 같은 유태인들에게도 날카로운 비판을 감추지 않

았다. "유태인이 사는 곳엔 지도자가 있었다. 이 지도층이 거의 예외 없이 다양한 방식으로, 또 다양한 이유로 나치에 협력했다. 유태인들에게 이렇다 할 조직이 없고 지도자가 없었다면 혼란과 불행은 있었겠지만, 희생자 숫자가 600만까지 이르지는 않았을 것이라는 게 엄정한 진실이다"라고.

학자의 양심, 언론의 선택

원고를 받아든 숀도 깜짝 놀랐다. 그대로 실었다가는 엄청난 파장을 몰고 올 것이 분명했다. 그래서 나중에 책으로는 그대로 실어주겠다면서 수정을 부탁하지만 한나는 단호히 거절했다.

유태인 지도층에 대한 비판이 '해석'으로 비칠 수 있다는 숀의 말에 그녀는 "그들의 협력관계는 매우 중요하다. 증언을 언급한 것으로 그건 엄연한 사실"이라고 정면으로 반박했다. "그 말(해석)은 옳지 않다. 나는 일부러 그 행동을 분석하지 않았다. 유태인 지도자들이 자기 동포를 죽이는데 이런 역할을 했다는 사실은 이 어두운 이야기 전체에서 분명 가장 어두운 부분"이라고.

'뉴요커'도 그 '사실'을 존중했다. 그녀의 칼럼을 한 자의 수정도 없이 실었고, 예상대로 비난과 협박과 인신공격이 쏟아졌다. "유태인에 대해 거짓말만 퍼뜨린다", "너의 사진이 들어가 잡지 전체가 더러워진 느낌이다", "나치 창녀", "지옥

에나 가라"는 소리가 들렸다.

심지어 언론까지 '한나 아렌트의 기이한 아이히만 옹호', '쓰레기'라며 공격에 가세했다. 그래도 한나는 "내가 실제로 쓴 내용을 비판한 것은 하나도 없다"면서 해명을 거부했다. 그런 그녀를 남편 하인리히와 친구 마리, 그리고 '뉴요커'의 편집장 숀은 "논평에 논리적 문장이 하나도 없다"면서 옹호한다.

원고의 일부만 실은 잡지로는 좀 답답했는지 영화의 마지막은 7분 동안 이어지는 한나의 감동적인 강연으로 마무리했는데, 그녀의 견해를 명쾌하게 풀어준다. 학생들에게 그녀는 말한다. "아이히만은 스스로 결단해서 어떤 일도 하지 않았고, 선의든 악의든 상관없이 아무 의도도 없었으며, 그저 명령에 복종했을 뿐이다. 나치의 이런 전형적인 주장은 이 세상에서 가장 끔찍한 악행엔 행위자가 없다는 사실을 보여준다. 동기도, 확신도, 심술도, 악의도 전혀 없는 사람들, 개인이기를 거부한 사람들이 이런 악행을 저지른다. 이런 현상을 나는 '악의 평범성'이라고 부르고 싶다."

유태인 지도자들에 대해 언급한 이유도 분명하게 밝혔다. "나는 유태인을 비난하지 않았다. 저항은 불가능했다. 그러나 저항과 협력, 그 사이에 뭔가 있지 않았을까. 그런 의미에서 나는 유태인 지도자들이 다르게 행동할 수 있었다고 말한 것이다." "아이히만의 악행의 희생자는 유태인인데, 왜 인류에 대한 범죄라고 했느냐?"는 학생의 질문에는 "유태인도 인간이기 때문이다. 유태인에 대한 범죄는 그래서 인류에 대한 범죄다. 바로 그것을 나치는 거부하려 했다"고 설명한다.

그는 자신의 글과 사유에 대한 입장도 분명히 했다. "나는 아이히만을 옹호하지 않았다. 다만 어떤 사람의 평범함과 그의 악행을 조화시키려고 했다. 이해하려고 하는 것과 용서하는 것은 다르다. 이해하려는 것, 그건 글을 쓰는 모든 사람의 의무이다." "사유의 바람이 드러내는 것은 지식이 아니다. 옳고 그른 것, 아름다운 것과 못난 것을 구분할 수 있는 능력이다. 이런 시도가 사람들에게 파국을 피할 수 있는 힘을 주길 바란다."

언론이 학자의 양심과 신념, 독창적 해석의 세계를 지켜주고 그것을 세상에 알렸고, 학자의 양심적인 글이 언론을 빛나게 했다. '뉴요커'가 없었다면, 인류 역사에서 가장 잔인했던 악과 인간의 사유를 연결시킨, 지금도 우뚝한 한나 아렌트의 '악의 평범성에 대한 보고서'를 우리는 읽어보지 못했을지도 모른다. 〈한나 아렌트〉가 언론이 제 입맛에 맞는 학자들 말만 듣고 시류에 영합해 양심까지 파는 곡학아세曲學阿世를 서슴지 않는 학자들이 수두룩한 세상을 아프게 찌른다.

한나 아렌트가 본 아이히만 재판

"취재를 하면서 오직 정의라는 요구를 실현하는데 관심이 있을 것이라고 짐작했다. 간단한 과제는 아니었다. 재판에서는 이제까지 법률 책에 나온 적이 없는 범죄와 뉘른베르크 재판 이전에 알려진 적이 없는 범죄자를 직면했다. 법정은 여전히 아이히만을 자신이 한 행위 때문에 심판받는 걸로 간주했다. 그 재판에는 어떤 체계도 없었고 역사나 주의도 없었다. 심지어 반유대주의도 없었다. 오직 한 사람이 그 자리에 있었을 뿐이다. 아이히만 같은 나치 전범 문제는 타인으로부터 처벌과 용서 모두를 피하고자 한사코 모든 개성을 포기하려 한 데 있다."

"소크라테스와 플라톤 이래, 사유는 나와 자아 사이의 침묵의 대화와 연관이 있다고 했지만, 아이히만은 한 개인이 되는 것을 거부함으로서 오직 하나뿐인 인간의 특징인 사유하는 능력을 완전히 포기했다. 그 결과 그는 도덕적 판단을 내릴 수 없었다. 이런 사유의 불가능함이 많은 평범한 사람들이 이전에 볼 수 없었던 거대한 규모의 악행을 저지를 가능성을 열어주었다."

"온 세상이 내가 틀렸다고 하지만 내 진짜 오류는 아무도 모른다. 악은 평범하면서 동시에 근본적일 수 없다. 악은 늘 극단적일 뿐, 근본적이지 않다. 깊고도 근본적인 것은 늘 선 뿐이다."

⟨한나 아렌트⟩에서 하이데거의 서양문명 강의

"인간의 가장 악한 행위가 이기심이라는 악덕에 기인한다는 편견 탓에 20세기 악이란 생각보다 더 과격하다고 밝혀져 있다. 그러나 가장 악한 행위는 우리가 이해할 수 있는 이기심 같은 동기와는 아무 연관이 없다는 걸 잘 알고 있다. 오히려 어떤 인간을 인간으로서 불필요하게 만드는 현상과 연관이 있다. 집단수용소라는 체계는 수감자가 자신이 불필요하다고 확신하도록 하고서 살해하려고 만들어진 장소이다. 수용소에서 인간은 배운다. 벌은 어떤 행동과 연관이 없어도 가능하고 착취가 이윤을 만들지 않아도 되며, 노동이 성과를 가져올 필요는 없다는 것을. 수용소는 이상한 곳이다. 어떤 행위 감정이든 근본적으로 의미를 잃는다. 무의미를 직접 생산하는 곳이다."

"전체주의의 마지막에는 적대적인 악이 모습을 드러낸다. 거기에서 어떤 인간적 동기도 찾아볼 수 없다면, 다음은 사실이다. 전체주의가 없었다면 우리는 절대로 악의 근원적인 본성을 알지 못했을 것이다."

"사유는 과학처럼 우리를 지식으로 이끌지 않는다. 우리에게 유용한 처세술을 가르쳐 주지 않는다. 사유로서 세상의 수수께끼를 풀 수 없다. 사유는 행위를 할 어떤 직접적인 힘도 제공하지 않는다. 우리는 활동하기에 살아있고, 사유하는 존재이기에 생각한다. 이성과 열정을 대립적으로 이해하는데 너무 익숙한 나머지 사유와 활동성이 하나가 되는 열정적 사유라는 새로운 개념은 내가 보기엔 좀 섬뜩하다."

"다른 인생을 꿈꾼 적이 있나요?"
"당신이 백인 아이를 돌보는 동안 당신 아이는
다른 사람 손에 자라야 할 때의 기분은 어땠나요?"

〈헬프〉와 초보 기자 유지이나 스키터

〈헬프〉 위협을 무릅쓰고 자신들의 인종차별 경험을 고백하는 흑인 가사도우미들의 이야기이다. 남북전쟁이 끝난 지 200년 가까이 지났지만, 여전히 인종차별이 남아있는 1963년의 미국 미시시피 주 잭슨 시. 가난한 흑인 여성들은 과거 노예 대신 가사도우미로 살아간다. 평생 백인 아이들을 돌보면서 주인집 화장실도 쓸 수 없고, 자신이 키운 아이를 다시 주인으로 모신다. 그들이 그곳 지역 신문사 기자 초년생인 젊은 백인 여성의 설득과 도움으로 용기를 내 흑인차별과 편견에 대해 증언한다. 테이트 테일러 감독, 엠마 스톤·비올라 데이비스 주연. 2011년 작품으로 아카데미 여주조연상 수상작이다. 원제 〈The help〉.

마음을 여는 것이 인터뷰다

말에 진실이 없으면서 재주와 요령만 익힌다고
좋은 인터뷰가 되는 것이 아니다. 진실에 다가가려는
마음이 최고의 인터뷰 원칙이고 방법이다

인터뷰에는 함정이 있다. 말이 곧 '진실'은 아니기 때문이다. 누가 무슨 말을 했다는 것은 '사실'일지 몰라도, 그 '사실'이 진실이란 보장은 없다. 말하는 자의 마음을 알 수 없고, 그 말의 진실 여부를 확인하는 것도 쉽지 않다. 명확한 증거가 있다면 굳이 '말'을 찾을 이유도 없다.

세상에는 눈으로 직접 확인할 수 없는 진실도 많다. 그럴 경우 그 진실을 알고 있거나, 가지고 있는 사람의 기억에 의존하는 수밖에 없다. 말하는 자 스스로 진실을 말하도록 이끄는 것이 최선이다. 특히 이런저런 이유로 진실을 말하기 싫어하거나, 말할 용기가 없다면. 인터뷰는 수사도, 조사도 아니다. 강제성도, 유도성도 안 된다.

〈헬프〉의 유지니아 스키터 펠런(엠마 스톤 분)은 스물 세살의 지방신문 기자 초년생이다. 1963년 고향인 미시시피 주잭슨 시에 있는 작은 지역신문사에서 유명 살림정보 칼럼의 대필을 맡은, 아직 자신의 이름으로 기사 한 줄 쓸 수 없는 보잘 것 없는 존재이다.

그녀가 인종차별과 편견이 남아있는 그곳에서 흑인 가사도우미들의 삶을 담은 책을 출간할 계획을 세운다. 유명해지거나, 영향력 있는 기자가 되려는 계산에서가 아니다. 자신의 집에도 있었던 흑인 가사도우미들이 가난하고, 보이지 않는 곳곳에서 여전히 노예나 다름없는 취급을 당하고 있는 것이 안타깝고 화가 났다.

돈 많은 남자와 결혼해 아이 낳고, 자기들끼리 희희낙락하며 사는 게 유일한 삶의 목표인 백인 여성들. 그들은 살림과 아이의 양육은 흑인 가사도우미에게 맡기면서 화장실조차 같이 못쓰게 하는 등 차별과 멸시를 아무렇지 않게 생각한다. 그런데도 세상의 아무도 그것에 관심이 없고, 묻지도 않으며 문제의식을 느끼지 못한다. 심지어 언론조차도. 그래서 더욱 그들(흑인 가사도우미들)이 겪고, 생각하고, 주장하는 것들을 쓰려고 한다.

중요한 것은 원칙이 아니라 마음

방법은 인터뷰밖에 없다. 어린 시절, 내성적인 그도 어머니

같은 흑인 가사도우미의 보살핌으로 어려움을 극복하고 성장하면서 경험한 것이 있지만 그것으로는 부족하다. 직접 도시에 살고 있는 흑인 가사도우미들을 만나 그들의 삶에 대한 이야기를 들어야 한다. 우선 가까운 곳에서부터 시작했다. 14세에 가사도우미가 되어 지금까지 17명의 아이를 돌본 에이블린(비올라 데이비스 분)을 찾아간다. 그리고 요리하는 것을 좋아해 자기 식구들은 보잘 것 없는 것을 먹여도 주인 부부를 위해 매일 정성을 다해 음식을 마련하는 미니(옥타비아 스펜서 분)에게도 부탁한다. 스키터의 고교 동창인 힐리 홀브룩(브라이스 달라스 하워드 분)의 집에서 일하는 가사도우미이다.

스키터는 인터뷰의 원칙이나 방법을 구체적으로 알지 못한다. 미리 전략을 세워놓은 것도 아니다. 그녀가 준비한 것은 그들에 대한 애정과 관심이다. 신분을 나타내듯 어느 집에서나 통일된 복장으로 일해야 하는 흑인 가사도우미들이 차별당하고 무시당하는 아픔에 공감하고, 비록 주인집 아이들이지만 자식처럼 키우는 그들의 아름다운 사랑을 알고 있다. 그 차별과 사랑의 '진실'을 세상에 알리고 싶은 마음이 간절하다.

그래서 자신의 요리 칼럼 대필을 도와주던 경험 많고 속 깊은 에이블린에게 가장 먼저 자신의 뜻을 전하고 도움을 요청한 것이다. 처음에는 당연히 거절당한다. 그들에게는 차별과 불만을 입 밖에 꺼내는 것조차 생명의 위협을 부르는 세상이니까. 투표 한 번 하려고 했다가 에이블린의 사촌은 차가 불탔다.

그러니 누가 감히 '진실'을 입 밖으로 꺼내겠는가? 주인집 화장실을 썼다는 이유로 쫓겨난 미니는 어린 딸이 처음 가사도우미로 일하러 가는 날, 이렇게 당부한다. "절대로 아이를 혼내지 마라. 간을 본 숟가락은 절대 요리하는 데 다시 쓰지 마라. 무엇보다 절대 말대꾸하지 마라."

이 '절대'와 '금지'에는 엄격한 경계와 차별이 존재하고, 그것을 넘거나 거부하면 무자비한 보복과 위험이 뒤따른다. 그들은 그것을 경험으로 알고 있다. 그래서 자신들이 겪은 부당하고 모욕적인 삶의 시간을 이야기해달라는 스키터 앞에서 침묵한다. 누구도 관심 갖지 않은 사람들의 이야기, 당사자들조차 드러내는 것을 거부하는 이야기임을 알면서도 그녀는 기어코 쓰려고 한다. 그들의 진심(진실)을 담아 세상에 알리고, 그들이 조금이라도 인간다운 삶을 사는데 도움이 되고 싶은 마음에서였다.

말이 진실이 되려면

스키터는 이렇게 설득해 본다. "이런 책은 한 번도 쓰여진 적이 없어요." "아무 일도 없을 것예요. 괜찮아요." "오히려 흑인차별을 없애줄 거예요." 그러나 돌아오는 에이블린의 대답은 싸늘하고 비관적이다. "이걸 돕다가는 제 집도 불 타 없어질 거예요." "무서운 것이 뭔지 모르네요." "책이 차별을 없애기는커녕 인종차별만 더 부각시킬 거예요. 흑백평등을 위해 아무리 애써도 우린 구속에서 못 벗어날 거예요."

그렇다고 영화가 이대로 끝날 리는 없다. 시작조차 못해 쩔쩔맸지만 결국 스키터는 불가능을 가능으로 만든다. 그녀는 인터뷰에 성공하고, 그들에게서 '말'이 아닌 '진심'과 '진실'을 듣는다. 달콤한 희망의 설득이 아니라, 마음을 열고 스스로 그들의 자리로 내려갔다. 할머니는 노예였고, 어머니는 가사도우미였다는 에이블린에게 스키터는 묻는다. "다른 인생을 꿈꾼 적이 있나요?" "당신이 백인 아이를 돌보는 동안 당신 아이는 다른 사람 손에 자라야 할 때의 기분은 어땠나요?"

이렇게 그들의 마음속으로 들어가 함께 아파하고 분노하

고 웃으면서 시작된 대화가 공감과 용기를 불어넣었다. 스키
터는 자신의 이야기를 "어차피 가명인데, 다른 가사 도우미
가 말했다고 가짜로 쓰라"는 미니의 요구를 "그건 옳지 않다.
절대로 그렇게는 안 한다"고 단호히 거절한다. 그녀의 정직
과 용기를 보고 두려움과 의심의 눈길을 보내던 다른 가사도
우미들도 모여든다.

억울하게 도둑 누명을 쓰고, 무자비한 폭력에 비명을 지
르며 경찰에 끌려가는 동료를 보면서 그동안 닫았던 입을 연
다. 그들의 안전이 걱정되어 차마 옮기기를 주저하는 내용까
지 스키터에게 적으라고, 꼭 책에 실으라고 요구한다. 진심이
진심을, 용기가 용기를 낳은 셈이다. 그렇게 첫 장에 '세상을
바꾸는 용기 있는 고백'이라고 쓴, 미국을 발칵 뒤집어 놓은
흑인 가사도우미들의 삶을 담은 책 '더 헬프'는 출간된다.

〈헬프〉는 미국의 그늘진 과거, 흑백 인종차별을 우울하고 비장하게 고발하기보다는 통쾌한 반란으로 비판하고 풍자한다. 그 반란으로 세상이 바로 바뀌지는 않았지만 첫 장의 글귀처럼 그들의 용기와 진심, 그것을 온전하게 글로 담은 기자 초년생 스키터의 끈기와 진심은 더 나은 세상을 바꾸는 출발이 되었다. 사람의 '말'이 곧 진실이었기에 가능했다. 말에 진실이 없으면서 재주와 요령만 익힌다고 좋은 인터뷰가 되는 것이 아니다. 진실에 다가가려는 마음(진심)이 최고의 인터뷰 원칙이고 방법이다.

인터뷰, 그리고 인터뷰 기사쓰기

- 인터뷰가 취재의 전부다. 물론 취재는 자료를 분석하거나 현장답
  사, 발표 등을 통해 이뤄지지만, 거의 모든 기사는 사람을 직접 만나
  서 확인할 필요가 있기 때문이다. 인터뷰는 말한 것을 그대로 옮기
  는 '녹취록'이 아니다. 1차적 인터뷰가 취재원과의 면담이라면, 2차
  적 인터뷰는 특정인물이나 그 인물의 활동이나 일을 알아보고 기사
  화하는 것을 말한다.

- 인터뷰는 영역이 아니라, 기사의 한 형식이다. 예외적으로 스타급
  기자가 자신의 명성을 바탕으로 각 분야 사람을 만나고 나서 쓰는
  것은 가능하지만, 근본적으로 인터뷰 대상에 대해, 그가 하고 있는
  일에 대해 전문적인 지식이 없으면 좋은 대답을 끌어내지 못한다.
  따라서 대상자를 잘 아는 사람이나 그와 관련된 일이나 사건 등을
  오랫동안 취재해 온 기자가 쓰는 것이 좋다. 인터뷰가 곧 '칭찬'은
  아니다. 필요에 따라 공격적인 질문, 비판적인 사실들을 이끌어내는
  기사 형식이다. '봐주기 기사'라는 인식은 버려야 한다.

- 인터뷰 기사에 관한 흔한 오해 : 쓰기 쉽다. 말한 것을 그대로 옮기
  기만 하면 되니까. 재미있게만 쓰면 아무나 해도 된다. 어느 기자나
  쓸 수 있다. '칭찬'이니까 누구든 응할 것이다. 개인적인 친분이나
  사적인 이해관계로 썼을 것이다.

- 인터뷰 시작 전 : 사전준비를 철저히 하라. 그 사람의 기본 정보와
  질문사항을 챙겨라. 좋은 인상을 주라. 주위 여건이나 환경을 참작
  하라. 관심을 촉발하라. 인터뷰하는 이유를 분명히 밝혀라.

- 인터뷰를 할 때 : 인터뷰에 걸리는 시간과 질문 사안을 미리 말하라. 질문을 짧게 하라. 먼저 상대방이 대답해야 할 내용을 기자가 미리 말하면 인터뷰 의미가 없어지고 대답 역시 '예', '아니오'로만 끝난다. 구체적으로 질문하라. 대답의 기회를 빼앗지 마라. 중요 사실은 재확인하라. 논쟁을 삼가라. 반응을 살펴 질문 강도를 조절하라. 신변 질문은 적당히 하라. 정곡을 찔러라. 순차적으로 질문이 이어지도록 하라. 비판과 칭찬으로 대답을 충실하게 이끌어내라.

- 인터뷰 기사를 쓸 때 : 인터뷰 동기와 전체 내용을 먼저 밝혀라. 기사의 핵심과 독자들이 알고 싶어 하는 내용을 써라. 풀어 쓰는 인터뷰 기사도 마찬가지다. 인터뷰 때의 질문 순서와 상관이 없다. 앞부분 인물에 대한 서술이 길면 지루하고 인터뷰의 생동감도 떨어진다. 질문은 짧게 써라. 자연스럽게 질문과 대답이 흐르도록 해라. 비슷한 주제나 소재의 질문을 반복해 쓰지 마라. 쓰는 사람이 잘난 척하지 마라. 독자의 관심과 호기심을 자극하라.

『바른 신문기사 쓰기를 위한 가이드북』
(이대현 지음, 한국일보사) 중에서

"오해의 소지가 있는 표현을 통해
관계없는 분을 용의자처럼 다룬 점,
깊이 사과드립니다"

〈백설공주 살인사건〉과 방송 조연출 아카호시 유지

〈백설공주 살인사건〉 사건·사고를 추적하는 TV 프로그램의 계약직 조연출인 아카호시 유지가 살인사건을 취재한다. '백설공주 비누'를 만드는 화장품 회사에 다니는 미모의 여직원이 숲 속에서 칼에 난자를 당한 뒤 불에 타 숨진다. 그러자 추적프로그램 조연출이 사건의 범인으로 갑자기 자취를 감춘 피해자의 회사 동료인 한 여자를 지목하고는 취재 내용을 자극적이고 편파적으로 편집해 방송한다. 이와 동시에 열혈 트위터리안이기도 한 그는 취재 과정과 내용을 실시간 SNS에 올려 화제를 불러일으킨다. 그러나 '당신의 방송은 모두 거짓말'이란 편지가 배달되고, 진실이 서서히 모습을 드러낸다. 방송과 SNS의 무책임하고 선정적인 태도와 근거 없는 억측 보도의 폐해를 적나라하게 고발하는 영화. 나카무라 요시히로 감독, 아야노 고·이노우에 마오 주연의 2015년 작품. 원제 〈白ゆき姫殺人事件〉.

마녀사냥꾼이 되는 것을 경계하라

언론이 트위터가 되고,
저널리스트가 트위터리안이 되어야 할 이유는 없다.
그렇게 해서도 안 된다

사람 사는 세상에서는 크고 작은 사건·사고가 끊이질 않는다. 그 모두를 신문, 방송이 뉴스로 전할 수는 없다. 설령 사건의 발생은 보도했더라도 그것이 충격적이거나 기이하거나 여파가 지속되지 않으면 계속 추적해 후속보도를 하지 않고 금방 새로운 사건으로 관심을 옮겨버린다. 지나간, 미궁에 빠져 사람들의 관심 밖으로 밀려난 그런 사건·사고를 파고들어 '진실'을 밝혀보려는 소위 'TV 추적 프로그램'은 어느 방송사에나 하나쯤은 있다. 〈사건파일〉, 〈그것이 알고 싶다〉, 〈추적 60분〉 같은 것들이다.

순기능이 있다. 사회적 파장을 낳은 사건에 대한 관심의 재유도이다. 때론 날카로운 추리와 끈질긴 추적, 꼼꼼한 취재로 진실을 찾아내 사건 해결에 결정적 역할을 한다. 일종의 사회적 기여이다. 역기능도 만만찮다. 수사 중인 사건의 경우 자칫 범인 검거에 방해가 되기도 하고, 섣부른 판단으로 무고한 사람에게 씻지 못할 상처를 주기도 한다. 다분히 시청률에 집착해 선정적으로 흐르기 쉽고, 객관적 사실을 무시하고 주관적 시각과 예단으로 진실을 왜곡하기도 한다.

뉴스쇼 형식을 가진 프로그램은 더욱 그렇다. 흥미와 오락을 위해 자의적으로 해석하고, 자극적인 자막을 내보내고, 전문가 아닌 전문가를 자처하는 '미디어꾼'들을 내세운 엉터리 추리를 마치 진실인양 여과 없이 내보낸다. 이런 것에는 일본 TV가 가장 유난스럽다. 우리 방송에서도 그것을 베낀 프로그램을 종편이나 케이블 TV에서 심심찮게 볼 수 있다.

백설공주 살인. 우선 사건에 붙은 이름부터 흥미와 호기심을 자극한다. 거기에는 피해자가 미모의 젊은 여성이란 사실뿐 아니라 동화를 현실에 잔인하게 적용시켰다는 점에서 그 내막이 궁금해진다. 사람들의 기대대로 이 사건의 주인공은 '백설공주'란 브랜드의 비누를 만드는 회사의 여직원 미키 노리코(아라이 나나오 분)이다. 그녀가 국립공원의 한 계곡에서 칼에 온몸을 난자당한 후 불에 태워진 채로 발견된다.

누가 마녀사냥꾼인가

언론은 범인이 금방 밝혀지지 않아 발생 기사를 내보내고

끝냈지만, TV 추적프로그램에 이보다 더 흥미로운 소재는 없다. 관심을 보이는 곳이 또 있다. 제 마음대로 상상하고, 아무 근거 없이 제멋대로 추측해 특정 대상을 범인으로 지목해서는 거리낌 없이 욕을 퍼붓거나 신상털이를 일삼는 SNS도 신이 났다. 〈백설공주 살인사건〉에서 이들은 자신의 탐욕을 채우거나, 자기 감정으로 죄 없는 타인을 짓밟는 '마녀의 거울'과 같다.

유감스럽게도 사건 추적 프로그램 계약직 조연출인 아카호시 유지(아야노 고 분)는 이 두 개의 거울을 모두 가지고 있다. 그는 살인사건이 흥밋거리가 된다는 생각에 피해자 회사 동료인 자신의 여자 친구의 말과 피해자 주변 인물들 인터뷰만으로 섣불리 시로노 미키(이노우에 마오 분)란 여자를 범인으로 지목한다. 그리고는 아무런 근거 없이 그 방향에 맞춰 상상을 섞고 자극적 편집과 자막을 넣어 취재 내용을 방송에 내보낸다. 동시에 실시간으로 트위터에도 올린다.

아니나 다를까. 반응이 뜨겁다. 그러자 방송에 나온 미디어꾼들인 전 수사과장과 심리분석가는 그의 추리가 '사실'인 것처럼 맞장구를 치고, PD는 그럴듯한 분석까지 강요한다. 트위터에서도 비슷한 반응이다. 수많은 트위터리안들 역시 익명으로 자신들만의 잣대와 감정으로 마녀사냥을 시작한다. 아카호시 유지가 "이 세상에 오직 나 혼자만 사건의 핵심에 다다랐다"고 떠벌리자, 그들은 '치정', '꿀잼'이란 반응을 보이며 이런 대화들로 신상털이를 시작한다. "성이 S 맞나요? 시로노." "상상에 맡기죠."

처음 아카호시 유지의 여자 친구 한 사람의 다분히 계획적인 발언으로 시작된 마녀사냥에 TV와 트위터가 확인도 거치지 않고 사건을 신랄하게 비판하고 조롱한다. 그러나 오직 한 사람, 서로를 빨강머리 앤과 다이애나로 불러주었던 어릴 때 친구 유코만은 예외다. 저주에라도 걸린 듯 모든 사람들이 시로노 미키를 열등감에 사로잡힌 살인자로 몰아가지만 그녀는 억지 범인 만들기에 나선 아카호시 유지에게 어린 시절의 이야기를 들려준다. 그리고는 말과 기억의 실체를 이렇게 알려준다. "내 말이 사실 같아? 기억은 조작되기도 해. 사람은 자기 유리한대로 말해. 중요한 걸 놓치지 마."

미스터리물인 〈백설공주 살인사건〉은 장르의 형식대로 반전을 준비한다. 진실을 뒤집으면서 〈우행록〉처럼 인간의 말과 기억이 얼마나 부정확하고 위험한지, 인간의 무의식 속에 존재하는 상처와 억압과 불안이 어떤 모습으로 드러나는지 보여준다. 그 과정에 매스미디어인 TV와 소셜미디어인 SNS의 윤리의식, 방송인의 사적 자유와 공적 책임의 구분에 대해 신랄한 비판을 담는다. 온갖 선정적 내용으로 무고한 사람을 무참히 범인으로 몰다가 진짜 범인이 체포되자 "오해의 소지가 있는 표현을 통해 관계없는 분을 용의자처럼 다룬 점, 깊이 사과드립니다"라는 한마디로 끝내는 TV. 그것으로 마치 모든 책임에서 벗어난 듯한 모습. 우리 방송도 닮아있다.

경계를 지키지 않은 결과

TV가 방송한 내용에 무턱대고 동조해서 신상털이에 온갖 상상과 모욕을 퍼붓던 트위터는 어떤가. 상황이 바뀌자, 갑자기 날을 세워 방송의 사과에 "저게 다야? 저 한마디로는 안 돼!", "저런 방송은 시청하면 안 돼!", "방송에 강력히 항의합니다!"라면서 자신들은 아무 잘못도 없는 것처럼 떠든다. 그렇게 서로 동조하였으면서 "노리코란 이름은 네가 밝혔잖아?"라고 서로 책임을 떠넘기면서 다음 사냥감으로 오보를 퍼뜨린 아카호시 유지를 찍고는 신상털이에 나선다.

나카무라 요시히로 감독은 미나토 가나에의 동명소설을 영화화하면서 아카호시 유지를 주간지 기자에서 TV 프로그램 계약직 조연출로 바꾸었다. 기자냐 연출가냐, 정규직이냐

계약직이냐에 따라 그 책임의 무게가 달라지는 것은 아니다. 계약직이어서 더 초조하고, 그래서 의욕 과잉으로 잘못을 저지를 수 있다고 말하고 싶은 건지도 모른다.

그러나 신분과 조건이 어떻든 그에게는 개인으로서 누려야 할 표현의 자유도 있지만 저널리스트로서 지켜야 할 양심과 윤리, 공적 의무가 있다. 그의 가장 큰 잘못은 그 경계를 지키지 않았다는 것이다. 그는 증거도 없는 취재 내용을 자랑삼아 실시간으로 트위터에 올려 한 사람의 명예를 짓밟았다. 영화는 TV가 선정적이고 자극적인 내용을 사실 확인도 없이 내보내고 무고한 사람을 범인으로 몰아간 것도 용서할 수 없지만, 아카호시 유지가 공적인 목적을 위해 취재한 것을 아무렇지도 않게 사적으로 이용한 것 역시 그 이상으로 비판받고 책임을 져야 한다고 말한다.

그의 행동이 트위터에서 자기 존재 가치를 높이려 의도된 것이냐, 아니면 새로운 뉴미디어 환경에 익숙한 인터넷 세대의 무분별한 행동이냐는 중요하지 않다. 이미 세상은 그런 풍경으로 가득하고, 엉터리이건 말건 그런 것들도 '미디어'라고 부르고 있으니까. 기존 미디어까지 인터넷과 SNS에 떠도는 이야기를 섣부르게 가져와 뉴스로 내보내는 세상이고, 심지어 트위터 정치까지 등장하고, 언론이 그것까지 챙기는 세상이니까.

　그렇다고 언론이 트위터가 되고, 저널리스트가 트위터리안이 되어야 할 이유는 없다. 그렇게 해서도 안 된다. '취재 중 얻은 정보를 사적으로 퍼뜨리거나 이용해서는 안 된다'는 명제에서 '사적'이란 의미에는 SNS도 포함된다. '강호의 도가 땅에 떨어졌다'는 탄식, '언론에 자존심이라는 것이 있기나 한가?'라는 조롱, 기자가 '기레기'로 멸시받게 된 지 오래지만 그래도 언론은 언론이고 기자는 기자다. 익명에 숨어 개인 의견을 여과 없이 쏟아내는 네티즌이나 공적 의견을 개인적 의견으로 위장해 욕심을 챙기고 책임은 피하려는 트위터 정치인들과는 분명 달라야 한다. 그래야 정도도, 자존심도 살아난다.

시끄러운 도심의 자동차 터널에서 낡은 바이올린을 연주하는
노숙자. 그에게는 비록 아무도 들어주지 않은 연주이지만
자신의 음악이 세상의 모든 소음을 잠재운다는 믿음이 있다.
'그렇다면 나는 기자로서 그런 믿음과 사랑을 가지고 있는가'

〈솔로이스트〉와 기자 스티브

〈솔로이스트〉 삶에 지친 기자와 삶의 길을 잃어버린 천재 음악가의 우정과 소통에 관한 이야기. 실화를 바탕으로 했다. 'LA 타임스' 기자 로페즈가 어느 날 우연히 길거리에서 두 줄밖에 없는 바이올린을 연주하는 노숙자 나다니엘을 목격한다. 갈수록 사람들이 신문을 멀리하고, 그럴수록 신문은 상업성에 집착하는 세태에 실망하고 있지만 '특이한 인물'을 그냥 지나치지 못하는 로페스는, 줄리아드 음대를 다니다 그만두고 지금은 정신분열증을 앓고 있는 나다니엘에 관한 이야기를 기사로 쓰고, 그의 정상적인 생활과 음악활동을 돕기 위해 나선다. 영화는 로페즈를 통해 비록 세상을 바꿀 수는 없어도 불행한 한 사람을 위해 기자가 할 수 있는 일은 무엇인가를 묻는다. 조 라이트 감독의 2009년도 작품. 로버트 다우니 주니어 · 제이미 폭스 주연.

기자의 작은 도움, 세상을 바꾸는 시작

기자는 눈과 마음을 열고 사람과 세상을 만나야 한다.
소박하고 낮은 곳과 소외되고 가난한 사람들에게 다가가
그들의 신음에 귀 기울여야 한다

기자가 세상의 모든 것을 바꿀 수는 없다. 그러나 세상을 바꾸는 길을 알려주고, 그 문을 조금 열어 줄 수는 있다. 그것을 위해 때론 위험을 무릅쓰고 불의에 항거하고, 세상의 아픔을 드러내고, 정의와 진실을 소리치기도 한다. 그것을 위해 해마다 수십 명의 언론인이 목숨까지 잃었다.

역사는 그들의 용기와 희생을 기록한다. 2018년에는 미국 시사주간지 '타임'이 '올해의 인물'로 그들을 기억했다. 사우디 왕실의 부패를 고발하다 2018년 10월 터키 이스탄불 주재 사우디 영사관에서 살해된 자말 카슈끄지와 편집국 총격 사건으로 언론인 4명이 사망한 미국 메릴랜드 주 지역신문

'캐피털 가제트'가 그들. 타임은 이들 언론인을 "진실의 수호자"라면서 "올해의 인물로 선정된 이들은 우리 세대의 이야기를 들려주기 위해 위험을 무릅쓰고 있는 전 세계의 수많은 싸움을 대표한다"고 했다.

그렇다고 모든 기자가 거대하고 위험한 진실의 전선에 있어야 하는 것은 아니다. 그곳에서만 세상을 바꿀 수 있는 것도 아니다. 인간적 감정이든 기자로서의 의식이든, 아무도 기억하지 않는 구석지고 낮은 곳에서 신음하는 어느 한 사람에게 희망의 길을 열어 줄 수 있다면 그 또한 '세상'을 바꾸는 일이 된다. 세상에는 늘 그런 사람들이 존재하고, 기자 역시 그들과 더불어 살아가고 있다. 사소하다고, 개인적 감상이라고 무시해서는 안 된다. 그 작은 도움이 한 사람의 세상을 바꾸는 시작이 되고, 그것이 모여 세상을 바꾸기도 하니까.

실화를 바탕으로 한 〈솔로이스트〉는 그 작은 도움과 희망, 세상을 바꾸는 이야기이다. 워터게이트를 폭로하고, 미국의 베트남 전쟁, 이라크 전쟁에 대한 비열한 음모를 고발하는 거창한 영화가 아닌, 가난하고 병든 거리의 한 음악가에 대한 어느 기자의 관심과 애정, 연민과 우정에 관한 영화이다.

'LA 타임스' 기자 스티브 로페스(로버트 다우니 주니어 분)는 자전거를 타다 넘어져 머리를 다치고 방향 감각을 상실하듯, 기자로서의 삶에 회의를 느끼고 방향을 잃었다. 갈수록 의미와 가치를 잃어가는 언론 환경이 그렇게 만들었다. 35세

이하 미국인들 중 신문 읽는 사람이 40퍼센트가 채 되지 않는 세상이다. 세상 얘기가 쓸모없다고 여긴다. 기자들 스스로도 "사람들이 내 기사를 안 읽었으면 좋겠다"고 자조한다. 신문사 주식이 떨어지면 기자를 해고하고, 더 떨어지면 또 해고하는 현실에서 스티브는 갈 길을 잃어버렸다.

길을 잃은 사람은 또 있다. 누가 들어주지 않는데도 두 줄만 남은 고물 바이올린으로 하루 종일 음악을 연주를 하는 노숙자 나다니엘(제이미 폭스 분)이다. 영혼을 잃어버리고, 이따금 정신까지도 빛처럼 흩어져버리는 음악천재. 가슴 가득한 슬픔과 비극을 자신의 음악으로 홀로 달래는 불행한 남자.

한 인간에 대한 연민도 소중한 '진실'

방향과 색깔은 다르지만 길을 잃어버린 이 두 사람이 거리에서 우연히 마주쳤다. 그냥 지나칠 수 있다. 대부분의 사람들이 그런다. LA의 거리와 공원에는 노숙자들이 널렸고, 그들 중에는 나다니엘처럼 한 가지에 집착하는 다분히 미친 사람도 있으니까. 그러나 스티브는 걸음을 멈추었다. 남다른 음악적 감각 때문일 수도 있고, 기사 냄새를 맡는 직업적 감각 때문일 수도 있고, 단순한 호기심 때문일 수도 있다. 아니면 자신의 외로운 영혼이 불러들인 연민일 수도 있다.

이유가 무엇이든 상관없다. 그는 한 노숙자를 보고 그냥 지나치지 않았고, 그 남자가 정신분열 증세가 있음을 짐작하면서도 대화를 계속했다. 직감적으로 뭔가 특별한 역사가 있을 것이란 기대, 그 역사가 분명 사람들의 가슴을 울리는 '기사'가 될 것이란 예감을 가졌다. 그는 기자이다. 기자는 그것이면 된다. 글로 세상을, 사람들의 진실을 알리는 사람이니까. 그것에 공감하고 행동하는 것은 세상의 몫이다. 기자는 정치가도, 사회봉사자도, 음악가도 아니다.

처음부터 동정이나 연민을 가지고 시작한 만남도 아니었다. 만약 나다니엘에게 특별함이 없었다면, 스티브 역시 그를 외면했을지도 모른다. 무엇보다 기사가 안 되니까. 기자의 무기는 많은 사람들에게 자신의 이야기를 전달할 수 있는 기사이다. 실제로 줄리아드음대 졸업생 명단에 그가 없다는 것을 확인한 스티브는 "기사 쓸 얘기가 없네"라며 관심을 접으려 한다.

어쩔 수 없다. 물론 그가 생각하는 '특별함'이 다른 사람들에게는 '별 것 아닐' 수도 있다. 줄리아드음대 졸업이 아닌 2년 중퇴가 뭐 그리 대단한 일인가. 그 정도 사연 없는, 과거 없는 사람이 있나? 그보다 더 흥미진진하고 파란만장한 인생도 많다고 생각하면 그만이다. 그러나 스티브는 자신의 가슴을 열어 길거리에서 두 줄 바이올린으로 베토벤 현악 4중주를 연주하는 그에게서 불우한 천재의 아프고도 아름다운 모습을 발견했다. 가슴으로 받아들인 그대로 그의 이야기를 신문 칼럼으로 써서 세상에 알렸다. 왜 그의 이야기를 썼느냐는 누군가의 물음에 그는 "그게 제 일이니까요. 그는 바이올린으로 이 도시를 채워주고 있으니까요"라고 답했다.

스티브의 이런 특별한 감정과 의미부여는 어디서 온 것일까? 나다니엘이 천재여서도, 그가 별난 인간이어서도, 그의 사연이 흥미로워서도 아니다. 한 인간에 대한 연민과 공감에서 왔다. 한때 세계 최고의 첼리스트를 꿈꾸며 가난 속에서도 줄리아드음대까지 진학한 흑인 청년의 좌절, 끝없이 세상을 등지고 숨어버리라는 환청에 시달리면서도 음악에 대한 믿음과 사랑을 버리지 않는 중년의 노숙자에게서 그는 삶의 순수함과 숭고함을 느꼈다. 그 느낌은 자신을 비춰보게 하는 거울이기도 했다.

스티브는 고백한다. "난 그를 보고, 그는 음악을 보고 있어. 연주하는 동안 그가 숭고한 어딘가에 살고 있다고 느껴져. 난 그가 음악을 사랑한 것만큼 무언가를 사랑한 적이 없어"라고. 세상 밖으로 밀려나 무대에 한 번도 오르지 못하고 시끄러운 도심의 자동차 터널에서 첼로 대신 낡은 바이올린을 연주하는 노숙자. 그에게는 비록 아무도 들어주지 않은 연주이지만 자신의 음악이 세상의 모든 소음을 잠재운다는 믿음이 있다. '그렇다면 나(스티브)는 기자로서 그런 믿음과 사랑을 가지고 있는가.'

기자가 주인공이 될 수는 없지만

〈솔로이스트〉는 멋진 결말을 억지로 만들지 않는다. 스티브의 칼럼에 감동한 노인이 자신이 쓰던 첼로를 나다니엘에게 선물하고, 누군가 아파트를 제공해 더 이상 노숙생활을 하지 않아도 되고, LA 필하모니 수석 첼리스트가 무료 레슨을 자원했지만, 그는 화려한 예술가가 아닌 여전히 불안한 정신의 남자로 산다. 스티브는 "1년 전 나는 나락에 떨어진 한 남자를 만났다. 나는 그를 도울 수 있을 거라 생각했다. 내가 도움이 됐는지는 모르겠다"고 말한다. 영화는 그렇게 끝을 맺는다.

그러나 세상은 그것으로 끝나지 않는다. 가끔은 스티브의 말처럼 기자가 쓴 글(기사)이 닫혔던 세상의 문을 열 때가 있다. 관련자들이 신문을 보고, 관료들은 마음과 지갑을 열기도 한다. 스티브의 칼럼과 기사를 읽은 LA 시장은 노숙자들을 위해 재정지원을 늘리고, 노숙자들이 우글거리는 거리를 깔끔하게 정비한다. 우리 주변에도 '급박한 문제를 안고 사는' 사람들의 이야기로 그 '가끔'을 있게 만드는 기자들이 있다. 그래서 세상은 조금씩 좋아지는 것이다.

스티브도 출발은 단순했다. 흥미로운 기삿거리가 된다는 욕심에서 나다니엘을 계속 만났고, 그를 도왔지만 한때는 힘들고, 끝이 보이지 않고, 모든 책임을 떠맡기 싫어 포기하려 했다. 적당히 기사에 이용하는 것으로 끝내려고도 했다. 그러나 그는 끝까지 나다니엘의 친구로 남기로 했다. 높은 곳에서 손을 내미는 사람이 아닌 같은 눈높이로 친구가 되어주는

것으로도 뇌의 화학성분이 바뀌어 더 잘 기능할 수 있게 한
다고 정신의학 전문가들이 말하니까. 이런 친구를 가진 것이
자랑스럽다. 그의 용기와 겸손, 예술에 대한 믿음을 보면서
자신의 믿음에 충실한 것이 얼마나 존엄한 일인지 알았다.
믿음을 포기하지 않는 것, 한 치의 의심 없이 믿는 것이 삶에
얼마나 중요한지도 깨달았다.

　기자는 주인공이 될 수는 없지만, 주인공을 찾아낼 수 있
고, 아무나 얻을 수 없는 인생에서 소중한 친구를 만날 수 있
다. 그것도 자신의 삶과는 동떨어진 곳, 세상에서 가장 아프
고 낮은 곳에서. 누구든 만날 수 있고, 그들의 이야기를 세상
에 알리는 기자에게 주어진 소중한 기회이자 선물이기도 하
다. 물론 기자라고 그런 행운이 무조건 주어지지는 않는다.

눈과 마음을 열고 사람과 세상을 만나야 한다. 화려한 풍경과 우렁찬 소리만 보고 듣지 않고 소박하고 낮은 곳과 소외되고 가난한 사람들에게 다가가 그들의 신음에 귀 기울여야 한다.

그렇게 만난 친구라면 얼마든지 자랑해도 좋다. 많을수록 좋다. 함께 사는 세상을 위한 기자의 모습이니까.

진실은 더 이상 단순히 피사체에 숨겨진,
온전히 알 수 없는 것들에 대한 '추측'이 아니다.
자신의 몸속에 생생히 남아있는
폭력이고, 야만이고, 고통이다

〈안나의 눈물〉과 포토 저널리스트 안나

〈안나의 눈물〉 인간성을 말살하는 잔인한 인신매매와 아동 성매매의 실태를 충격적인 상황 설정으로 음울하고 처연하게 고발한 캐나다 영화. 처음에는 적당한 거리를 두고 현장을 취재하던 보도사진작가(포토 저널리스트) 안나가 관찰자에서 비극적인 참여자가 되어 극심한 정신적 외상과 충격에도 불구하고 아시아를 넘어 세계적으로 광범위하게 퍼져있는 악의 뿌리에 접근한다. 2015년 부산국제영화제에서 세계 최초 상영됐다. 찰스-올리비에르 미샤우드 감독, 아나 무글라리스 주연.

알고 싶다면 다가가라,
관찰자가 아닌 참여자로

관찰자로 머물렀을 때의 그녀와 참여자가 된
그녀의 차이는 뭘까. '알고 싶다'와 '알아야 한다'였다.
둘 사이의 거리는 사진과 실물만큼이나 아득하고,
꿈과 현실만큼이나 다르다

기자는 관찰자이다. 주인공이 아니다. 기자가 쓰는 기사는 늘 3인칭이다. 폭력과 살인의 야만성, 아니면 기아와 빈곤의 참상을 알리기 위해 숨이 넘어가는 어린 아이에게 사진기와 카메라를 먼저 들이댄다. 당장 눈앞의 아이를 일으켜 세우는 것보다는 그 사진 한 장으로 비슷한 상황에 처한 수많은 아이들을 살리는 것이 중요하다고 생각한다. 그것이 더 큰 선이고, 공리라고 주장한다.

그렇다면 기자는 주인공이나 참여자이면 안 되는가. 기자가 주인공이나 참여자가 되려는 순간, 언론은 주관적, 개인적인 편향에 빠지기 쉽다. 특정 대상이나 집단과의 동료의식은 언론을 정파성에 치우치게 한다. 사적 이익이나 언론 자신의 이익에 빠져들 수도 있다. 그래서 중립적이고 객관적인 자세야말로 언론과 기자의 기본 원칙이라고 생각한다.

불가근불가원이다. 그런데 때론 아무리 눈을 부릅뜨고, 냉철한 균형감각을 가지고 어느 한쪽으로 쏠리지 않더라도 미처 보지 못하고, 듣지 못하는 '진실'이 있다. 관찰자로서는 도저히 알 수 없는 실체도 있다. 그럴 때도 기자는 관찰자에 머물러야 할까. 취재 대상에 동화되는 것이 언론의 윤리와 양심에 반하는 것일까.

캐나다의 보도사진작가인 안나(아나 무글라리스 분)도 처음에는 철저한 관찰자였다. 아시아에서 벌어지는 인신매매와 아동 성매매 집단의 네트워크를 취재하면서 대상과 그들의 고통에 대해 적당한 거리를 두었다. 위험했고, 다가가기 꺼림칙했다. 당연히 그녀가 카메라로 담은 여성들의 모습은 둘 사이의 거리만큼이나 떨어져 있었다. 정지된 피사체, 내면까지 깊이 들여다보지 않은 죽은 모습이란 느낌을 지울 수 없었다. 그녀는 거리를 없애고 그들의 고통과 슬픔과 절망, 그들을 그렇게 만든 악의 실체에 좀 더 다가가고 싶었다.

알고 싶다면 다가가라

이런 마음은 기자라면 누구나 갖고 있을 것이다. 특종 욕심이든, 사명감이든, 개인적 관심 때문이든. 그것이 세상에 좀처럼 모습을 드러내지 않는, 드러내기를 꺼리는, 드러내기

어려운 진실을 밝혀주는 것만은 분명하다. 다양한 체험 르포나 잠입 르포가 지금도 소중한 언론의 영역이라는 사실이 이를 말해준다.

〈안나의 눈물〉은 그런 마음을 받아들여 그녀를 '관찰자'에서 '참여자'로 바꾼다. 참여자란 그녀 자신이 성매매의 희생자, 피해자가 되는 것이다. 그 순간부터 안나는 끔찍한 폭력과 공포, 상처와 함께 사건의, 진실의 주인공이 된다. 〈무간도〉나 〈신세계〉를 보면 범죄조직의 참여자가 된 잠입 경찰도 비슷하다. 불행이라면 기자는 경찰과 달리 언제든 자신을 지키고, 진실을 파헤치기 위한 합법적 공권력이 없다는 것이다. 그래서 훨씬 위험하고 어렵다. 때론 개인적인 희생, 죽음까지도 감수해야 한다.

저널리스트로서 진실에 접근하려는 안나의 욕심은 정체를 알 수 없는 샘이란 남자의 유혹에 말려들게 한다. 안나가 참여자로 들어서는 세계는 온통 붉은 빛이다. 성매매의 타락한 세상은 언제, 어디서나 이렇게 핏빛이다. 자연의 빛이 아닌 인공의 붉은 빛은 남성의 무분별한 성적 욕망을 부추기고, 유혹한다. 인간의 마음과 육체를 음습하고 위험한 야만의 공간으로 이끈다.

그 붉은 빛의 공간에서 안나도 여느 인신매매 여성, 성매매 여성들과 다르지 않은 물화된 성, 강요된 육체의 제공자일 뿐이다. 인간성이 말살된 곳의 진실은 무엇이고 어떤 모습인지 그녀는 카메라 렌즈가 아닌 자신의 눈과 귀, 몸으로 처절하게 체감하는 인물이 됐다. 그녀는 더 이상 관찰자도, 사진작가도 아니었다.

안나는 정체를 알 수 없는 인간들에게 강간과 고문을 당하고, 뒷골목에 버려진다. 몇 주 뒤에야 겨우 정신을 차린 안나는 자신이 몬트리올에 와 있다는 사실에 놀란다. 끔찍한 정신적 외상을 입고 처참한 모습으로 고향에 돌아온 그녀는 다시 관찰자인 기자로 돌아와 그토록 끔찍했던 진실의 공간에 다가가려고 일어선다.

관찰자로 머물렀을 때의 그녀와 참여자(희생자)가 된 그녀의 차이는 뭘까. '알고 싶다'와 '알아야 한다'였다. 둘 사이의 거리는 사진과 실물만큼이나 아득하고, 꿈과 현실만큼이나 다르다. 아이러니하게도 그 아득한 거리와 차이를 안나는 참여자로 겪은 공포와 상처로 건너뛴다.

진실은 더 이상 단순히 피사체에 숨겨진, 온전히 알 수 없는 것들에 대한 '추측'이 아니다. 자신의 몸속에 생생히 남아 있는 폭력이고, 야만이고, 고통이다. 안나는 그 뿌리, 그동안 늘 있는 것을 알면서도 침묵하고 묵인한 악의 실체를 찾아내 그 고리를 끊고자 했다. 사적 복수냐, 공적 의무감이냐, 희생자들에 대한 구원이냐는 중요하지 않다. 이제 그것은 그녀의 삶의 여정이니까.

기자가 주인공이 될 때

안나는 다시 일어선다. 몬트리올에서부터 다시 취재와 조사를 시작한다. 알아야 한다. 내가 겪은 세상은 어떤 곳이고 어디에 있는지. 그런 세상의 모습은 어떤지, 누가 그런 세상을 만들었는지. 그곳은 타인의 세상이 아니다. 인신매매와 성매매의 희생자들은 '대상'이 아닌 '동료'이다. 기억을 더듬어 한걸음씩 그들에게 다가가던 그녀는 성매매 조직 네트워크가 아시아를 넘어서 훨씬 광범위하게 뻗쳐 있으며, 거기에 자신을 '참여자'로 몰아넣은 샘이 관련되어 있다는 충격적인 사실을 확인한다.

안나는 보았다. 10년 동안 성 노예로 살아가는 여자들, 그 야만의 세계에서 벗어나려 발버둥 치다가 죽고, 불구가 되어

버려지는 여자들의 눈물을. 그 눈물은 인간과 미래에 대한 절망이었고 세상에 대한 분노였다. 다른 사람이 아닌, 참여자(희생자) 안나도 흘렸던 눈물이기에 진실이었다. 안나는 그들의 눈물을 닦아주고, 세상에 보여주어야만 했다.

안나는 분명 특별한 존재이지만 영화는 그렇지 않다고 말한다. 피해자들을 대신한 비장한 복수극과 여성으로서 이겨내기 힘든 상처를 딛고 진실을 파헤치는 기자로서의 집념과 능력을 부여했지만, 당신도 언제 어디서든 안나처럼 될 수 있다고 말한다.

기자만 관찰자인 것은 아니다. 모두가 구경꾼이고, 목격자가 될 수 있다. 그리고 의도했든 아니든, 어느 날 참여자로 바뀔 수 있다. 나와 무관한 것 같았던 일들이 나의 운명과 역사와 삶이 되는 일은 흔하다. 더구나 그것이 늘 우리 곁에 은밀하게 자리 잡고 있지만 무심코 외면해왔던 위험한 현실이라면. 안나가 "당신의 이야기일 수 있다"고 말하는 이유이다.

마지막에 참혹한 현실을 고발한 후, 안나가 흘리는 눈물은 관찰자나 구경꾼으로서의 슬픔이 아니다. 비참한 세상과 가슴 아픈 사람들에 대한 연민도 아니다. 참여자로서 고통스러운 경험과 그것을 통해 확인한 인간 세상의 야만적 진실, 위험을 무릅쓰고 그 진실을 세상에 드러낸 용기, 그것을 통해 스스로 구원의 길을 찾고자 발버둥친 선택, 그래도 바뀔 것 같지 않은 인간에 대한 연민과 회한, 절망이다. 그래서 그 눈물은 진하고, 따갑게 사람들 가슴에 파고든다.

관찰자에서 참여자가 된 안나의 선택과 삶을 어리석다고 누구도 함부로 말할 수 없다. 저널리스트가 아닌 한 인간으로서 개인적 선택과 복수와 연민에 빠진 안나 역시 비난할 수 없다. 그렇게 했기 때문에 진실을 찾아냈기 때문이 아니다. 세상 어느 누구도, 어떤 직업도 관찰자로만 살아야 한다는 법은 없다. 관찰자로 사는 것보다 허무하고, 무책임한 인생도 없을지 모른다.

다시 보기 힘들어진 영화

〈안나의 눈물〉은 국내 극장에서 정식 개봉되지 못했다. 아마도 흥행이 안 될 것이란 계산 때문이었을 것이다. 부산국제영화제에서 상영하고는 자취를 감췄고, 프랑스문화원 같은 작은 공간에서 기획전으로 한두 번 상영한 것이 고작이었다. 지금은 플랫폼에서 온갖 영화를 불러내 원하는 때 볼 수 있는 세상이 됐지만 어디에서도 〈안나의 눈물〉을 찾을 수 없다. 몇 년 전 우연히 케이블 영화채널에서 상영하는 것을 본 것이 행운이라면 행운. 그런데 버릇처럼 하던 '영화 보면서 메모(기록)하기'를 무심히 빠뜨렸다. 이 영화의 울림과 여운이 깊고 오래 가리라고는, 그것을 누군가에게 이야기해 주리라고는 미처 생각하지 못했다. 저널리스트의 기본자세이자, 영화평론가로서의 최소한의 준비조차 제대로 하지 못한 것을 지금에야 후회한다.

'기사보다 생명이 먼저'였던 영화 〈황시〉의 기자 조지

"남들은 목숨 걸고 싸우는데 전 타자기나 치고 있죠."

1937년 중국, 일본군의 학살 현장을 취재하던 영국인 종군기자 조지 호그가 자신의 모습을 책망하면서 한 말이다. 기자는 그렇다. 목숨 걸고 싸우는 전쟁터에서도, 무고한 사람들이 목숨을 잃고 있는 비극의 현장에서도 기사를 쓰기 위해 메모하고, 타자기를 두드린다.

"그래, 세상에는 각자 자기 할 일이 있는 거야. 난 뉴스를 세상에 알리는 기자다. 군인도 아니고, 의사나 구호활동가도 아니다"라면 그만이다. 그러나 조지 호그는 그렇게 생각하지 못했다. 당장 60여 명의 아이들이 죽거나 전쟁터로 끌려 나갈 위험에 처했는데, 그런 '진실'을 세상에 알리는 것만으로 무슨 의미가 있나. 그에게 진실은 아이들의 목숨이었다.

2008년 영화 〈황시〉(감독 로저 스포티스우드)는 그렇게 기자이기 전에 인간이기를 선택한 조지 호그(조나단 리스 마이어스 분)와 그 아이들의 이야기를 그렸다. 물론 실화다. 특종 욕심에 난징대학살을 취재하다 위험에 처한 자신을 구해준 게릴라 부대의 대장 잭(주윤발 분)의 도움으로 황시로 피신한 조지가 60명의 고아들을 만난 것은 운명이었다. 그러나 말도 통하지 않고, 이방인이라고 멀리하는 아이들의 마음 문을 열게 한 것은 그의 진실한 사랑과 헌신이었다.

그런 사랑과 헌신이 없었다면 아이들이 전쟁터로 끌려갈 위기에 처하자 새로운 희망을 찾아 함께 눈길을 헤치면서 1,000km의 대장정을 떠나는 것은 불가능했을 것이다. 장장 3개월의 여정. 그 과정에서 추위와 굶주림, 고통과 슬픔이 얼마나 컸을지는 말해 무엇하랴.

영화가 아무리 재연한들 '사실'을 따라갈 수 없을 것이다. 지옥 같은 시간 속에서도 '희망'을 잃지 않았던 그들은 둔황 근처인 상단이란 곳에 도착했다. 실제로 조지 호그의 묘지와 기념비가 있는 곳이다. 도착 직후에 그는 파상풍에 걸려 숨을 거둔다. 시신을 덮을 모포에 그와 함께 한 모든 아이들이 서명을 하여 장례를 치르는 장면도 허구가 아니다.

〈황시〉가 보여준 고아들의 자급자족, 중국인 부호로 아이들을 도와주는 왕(양자경 분)의 존재 등을 놓고 정치적, 이념적 해석을 하는 것은 자유다. 다만 평화주의자였던 기자 조지 호그의 선택과 실천, 인간 사랑과 희생은 어떤 이유로도 폄하될 수 없다. 영화의 엔딩 크레딧이 올라갈 때, 노인이 된 그때의 아이들이 눈시울을 적시면서 아직도 가슴 속에 살아있는 그에 대한 증언과 회상을 들으면 더더욱.

그들 누구도 그를 기자나 언론인으로 기억하지 않는다. 그들에게는 "항상 웃는 얼굴로 대하는 선한 사람", "자상한 아버지, 때로는 편한 친구", "영웅", "삶의 소중함을 일깨워준 빛과 같은 존재"였다. 그에게 진실은 죽은 자의 기록이 아니라 살아있는 소중한 생명이었다. 그는 가장 아름다운 인간이었다.